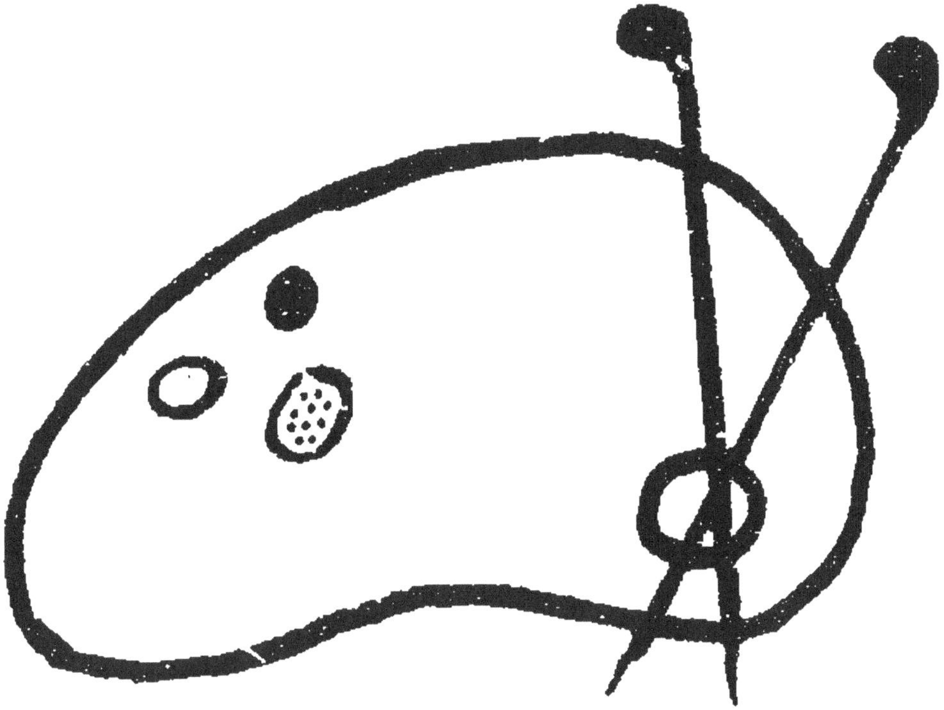

Début d'une série de documents
en couleur

NOTES

SUR LES

MOSAIQUES CHRÉTIENNES

DE L'ITALIE

VI

DES ÉLÉMENTS ANTIQUES DANS LES MOSAIQUES ROMAINES

DU MOYEN AGE

PAR

M. EUGÈNE MUNTZ.

EXTRAIT DE LA REVUE ARCHÉOLOGIQUE

Novembre 1878, août 1879 et septembre 1882.

PARIS

BUREAUX DE LA REVUE ARCHÉOLOGIQUE

LIBRAIRIE ACADÉMIQUE DIDIER ET Cᵉ

35, QUAI DES GRANDS-AUGUSTINS, 35.

1882

MÉMOIRES ARCHÉOLOGIQUES

AUBÉ. — Le Christianisme de Marcia. Gr. in-8. 1 fr. 50

BERTRAND (Alex.). — Le Casque de Berru. Grand in-8, avec planche... 1 fr. 50

BOMPOIS (F.) — Diobole inédit du tyran Satyros. Grand in-8, planche... 3 fr. »

— Drachme inédite frappée dans l'Étrurie, etc. In-8, 3 planches... 6 fr. »

CHABOUILLET. — Inscriptions et Antiquités de Bourbonne-les-Bains. Grand in-8, avec planches... 5 fr. »

CHEVRIER (Jules). — Une nouvelle statue de Vénus marine. In-8, avec 2 planches... 3 fr. »

CLERMONT-GANNEAU (Ch.). — Horus et saint Georges. Notes d'arch. et de myth. In-8, avec planche. 3 fr. »

— Une Stèle du temple de Jérusalem. In-8, avec planche... 4 fr. »

— La Stèle de Dhiban ou Stèle de Mesa. In-4, avec 2 planches... 5 fr. »

— La Pierre de Bethphagé. In-8 av. vig. et plans 2 fr. 50

— Origine perse des Monuments araméens. Première partie. Gr. in-8, avec planche... 5 fr. »

COLLIGNON (Max). Trois vases peints de la Grèce propre à ornements dorés. Gr. in-8, avec 2 pl. 3 fr. »

CONESTABILE (G.). — Second Spicilegium de quelques monuments écrits ou épigraphes des Étrusques. In-8, avec planche... 6 fr. »

CORRARD (Ch.). — Observations sur le texte de Joinville, etc. Grand in-8... 3 fr. 50

DAREMBERG. — État de la médecine entre Homère et Hippocrate. Grand in-8... 5 fr. »

AUBRÉE. — Aperçu hist. de l'exploitation des mines métalliques dans la Gaule. Grand in-8, avec fig. 5 fr. »

— Examen minéralogique et chimique de matériaux de forts vitrifiés de la France, etc. 2 fascicules. 2 fr. 50

DELOCHE (Max).—Du nom de Houilles, canton d'Argenteuil (Seine-et-Oise). In-8... 1 fr. »

— De l'Association sur un sou mérovingien du nom gallo-romain, etc. In-8... 1 fr. »

DESJARDINS (Ern.). — Remarques géographiques à propos de la carrière d'un légat de Pannonie inférieure. Grand in-8, avec 2 pl... 3 fr. »

DUCIS (C.-A.). — Le passage d'Annibal du Rhône aux Alpes. In-8, 110 pages... 2 fr. 50

DOMONT (A.). — La Cathédrale de Strasbourg. Remarques archéologiques... 1 fr. 50

— Un bas-relief funèbre grec. Gr. In-8, pl... 2 fr. »

HAUVETTE-BESNAULT. — Statue d'Athéné trouvée à Athènes. Grand in-8, planche... 2 fr. »

HEUZEY (L.). — Recherches sur les lits antiques. Grand in-8, avec 10 vignettes... 3 fr. »

— Les Fouilles de Chaldée (lettre de M. de Sarzec), Grand in-8, planches... 2 fr. »

HUBNER (E.). — Nouvelles tessères de Gladiateurs, traduit de l'allemand par H. GAIDOZ. In-8...

KERVILER (René). — L'Age du bronze et les temps Romains à Saint Nazaire-sur-Loire. In-8, avec planches et vignettes... 3 fr.

LE BLANT (Edm.). — Les Martyrs chrétiens et les supplices destructeurs du corps... 1 fr. »

— Les bas-reliefs des Sarcophages chrétiens et les liturgies funéraires. In-8, avec pl. et vig.. 3 fr. »

LEFORT (L.). — Chronologie des peintures des Catacombes romaines. Grand in-8... 4 fr. »

LENORMANT (F.). — Études sur l'origine et la formation de l'alphabet grec, avec 2 planches... 5 fr. »

MASPERO (C.). — Essai sur la stèle du Songe. Grand in-8, avec planche... 4 fr. »

— Sur la stèle de l'Intronisation. Gr. in-8.. 1 fr. 50

MAURICE-ALBERT. — Boucliers décoratifs du Musée de Naples. Gr. in-8, 5 planches et 13 vign... 4 fr. »

MAURY (Alf.). — Carte de la Gaule de Peutinger, avec de nouvelles observations. Gr. in-8, cart... 2 fr. 50

MOWAT (R.). — Quelques inscriptions grecques. Grand in-8, planche... 2 fr. 50

MUNTZ (Eug.). — Notes sur les Mosaïques chrétiennes de l'Italie, 5 fascicules... 10 fr. »

OPPERT (J.). — La Chronologie biblique fixée par les éclipses des inscr. cunéiformes. Grand in-8. 2 fr. »

PERROT (G.). — Inscriptions d'Asie Mineure et de Syrie recueillies par MM. Carabella, Choisy et Martin. Grand in-8... 3 fr. »

PICTET (Adolphe). — Nouvel essai sur les inscriptions gauloises. Grand in-8... 2 fr. 50

QUICHERAT (J.). — Restitution de la basilique de Saint-Martin de Tours. Grand in-8, 4 planches.. 5 fr. »

RAYET (O.). — Inscriptions trouvées à Milet, Didymes et Héraclée. In-8... 1 fr. 50

ROBERT (P.-Ch.). — Le Boutoir romain. In-8, avec 2 planches, vignette... 2 fr. 50

ROBIOU (F.). — Questions de chronologie éclaircies par les Annales d'Assubanipal. In-8... 1 fr. 50

RONCHAUD (L. DE). — Le Péplos d'Athéné Parthénos. Les tapisseries dans l'antiquité. Grand in-8. 3 fr. »

SAULCY (F. DE). — Etude sur l'Ora Maritima de Rufus Avienus. Grand in-8, carte... 2 fr. 50

THENON. — Fragments d'une description de l'île de Crète. Gr. in-8... 3 fr. »

VAN DRIVAL. — Les Tapisseries d'Arras. Etude artistique et historique. 1 vol. grand in-8... 5 fr. »

VERCOUTRE (Dʳ). — La Médecine publique dans l'antiquité grecque. Grand in-8... 5 fr. »

VON PULSZKY (Fr.). — Monuments de la domination celtique en Hongrie. In-8, vignette... 3 fr. »

MODE ET CONDITIONS DE L'ABONNEMENT

L'administration et les bureaux d'abonnement de la REVUE ARCHÉOLOGIQUE sont à la *Librairie Académique* DIDIER et Cᵉ, quai des Grands-Augustins, 35, à Paris. On s'abonne également chez tous les libraires des départements et de l'étranger.

La *Revue archéologique* paraît chaque mois, par cahiers de 64 à 80 pages grand in-8°, formant à la fin de chaque année deux volumes ornés de planches gravées sur acier et de gravures sur bois intercalées dans le texte. Indépendamment de la table alphabétique des matières du semestre, une table alphabétique, destinée à faciliter les recherches, termine chaque année.

Paris : Un an, 25 fr. — Six mois 14 fr. | Départements : Un an, 27 fr. — Six mois 15 fr.

POUR L'ÉTRANGER, LE PORT EN SUS.

La collection de la nouvelle série de la *Revue archéologique* se compose de 22 années (1860-1881), ou 42 volumes à 25 fr. l'année, séparément.

Le Gérant : D. GLORIAN.

Fin d'une série de documents
en couleur

NOTES

SUR LES

MOSAIQUES CHRÉTIENNES

DE L'ITALIE

VI

DES ÉLÉMENTS ANTIQUES DANS LES MOSAIQUES ROMAINES

DU MOYEN AGE

PAR

M. EUGÈNE MUNTZ.

EXTRAIT DE LA REVUE ARCHÉOLOGIQUE

Novembre 1878, août 1879 et septembre 1882.

PARIS

BUREAUX DE LA *REVUE ARCHÉOLOGIQUE*

LIBRAIRIE ACADÉMIQUE DIDIER ET Cⁱᵉ

35, QUAI DES GRANDS-AUGUSTINS, 35.

1882

NOTES

MOSAIQUES CHRÉTIENNES DE L'ITALIE [1]

VI

DES ÉLÉMENTS ANTIQUES DANS LES MOSAIQUES ROMAINES DU MOYEN AGE

———

Dans ses belles études sur les mosaïques de la Ville éternelle, M. Vitet a émis, au sujet de deux de ces monuments, une conjecture dont la confirmation modifierait singulièrement les idées jusqu'ici reçues sur l'histoire de l'art romain du moyen âge. Examinant la date assignée aux deux grandes compositions absidales de Saint-Jean-de-Latran et de Sainte-Marie-Majeure (pl. XXI et XXII), le savant critique s'exprime comme suit :

« Qu'on y fasse attention, (ces œuvres) sont pleines de souvenirs, nous dirions presque d'imitations directes de l'art antique; on y trouve une foule d'allégories presque mythologiques, comme on en voit aux catacombes, et, par exemple, des génies, des enfants entièrement nus, jouant sur le bord d'un fleuve, et le fleuve lui-même caché dans les roseaux et penché sur son urne, et maintes autres répétitions de motifs symboliques familiers aux anciens. Nous sommes pourtant dans une église et même au fond d'un sanctuaire; d'où vient cette tolérance? Et pourquoi, à cette même époque, sous peine de profanation, le pinceau ne se fût-il permis ni sur bois, ni sur pierre, de semblables témérités? C'est que ces mosaïques du XIIIᵉ siècle ont

———

1. Voir la *Revue archéologique*, septembre 1874, octobre et novembre 1875, décembre 1876, janvier et septembre 1877, juin, novembre 1878 et août 1879.

remplacé, selon toute apparence, les décorations primitives du IVe et du Ve, tombant de vétusté, et que les nouveaux artistes ont pu, sans irrévérence et même à titre de respect et de fidélité, mêler à leurs propres idées, ou plutôt au programme que les progrès du temps et les changements de la liturgie devaient leur imposer, des reproductions littérales du style et de la grâce antiques. C'est par ce genre d'emprunt et de réminiscence que ces deux absides prennent un caractère de noblesse presque classique, et une élévation de style dont au premier coup d'œil on a peine à se rendre compte [1]. »

Nous nous proposons, dans la première partie de ce travail, de soumettre à un nouvel examen l'hypothèse de M. Vitet ; dans la seconde, de rechercher si cette hypothèse peut s'appliquer, ou non, à d'autres monuments similaires.

I

Tout d'abord il nous faut signaler une particularité qui a échappé à M. Vitet et qui aurait donné singulièrement de poids à sa conjecture : nous voulons parler de la présence, dans les mosaïques d'un autre sanctuaire romain, de motifs de tout point semblables à ceux que renferment les absides de Saint-Jean-de-Latran et de Sainte-Marie-Majeure. Dans les compositions, aujourd'hui détruites, de la coupole de Sainte-Constance [2], on remarque en effet, comme dans les deux basiliques, une rivière peuplée d'enfants ailés, d'oiseaux, de poissons, de monstres marins. Parmi ces enfants, les uns pêchent à la ligne, ou jettent des filets ; d'autres lancent un harpon sur des poissons presque aussi gros qu'eux, ou pourchassent des cygnes ; d'autres encore dirigent une barque légère. L'antiquité classique n'a pas imaginé de scène plus variée, ni plus riante ; c'est à elle évidem-

---

1. *Journal des savants*, 1863, p. 501, et *Études sur l'histoire de l'art*, première série, p. 298. — Un historien d'art allemand célèbre, Kugler, a également entrevu la connexité entre la mosaïque du Latran et celles du Ve siècle (*Geschichte der Malerei*, 2e éd., 1849, t. I, p. 295). Mais ne sachant comment établir un lien entre elles, il a préféré admettre pour le XIIIe siècle une sorte de renaissance de la poésie inhérente aux créations primitives. — Enfin, M. Labarte, dans son *Histoire des arts industriels* (t. IV, pp. 245 et 247), a insisté avec plus de force encore sur ce qu'il appelle « des réminiscences, ou des imitations de l'art antique ». Cependant, sans rejeter l'explication de M. Vitet, il en signale une autre, qui lui paraît tout aussi plausible : l'influence de Nicolas et de Jean Pisano.

2. Gravées dans les *Vetera monimenta* de Ciampini, t. II, pl. 1 ; dans les *Picturæ antiquæ cryptarum romanarum et sepulcri Nasonum* de Bellori (Rome, 1819, supp., pl. II), et dans la *Storia dell' arte cristiana*, du P. Garrucci, t. IV, pl. 204.

ment que les mosaïstes des trois sanctuaires ont demandé leur inspiration [1].

Cependant la différence de date entre les mosaïques de Sainte-Constance d'un côté, celles du Latran et de Sainte-Marie-Majeure de l'autre, ne permet pas, en apparence du moins, de croire à une origine commune. Les compositions de Sainte-Constance réunissent les caractères inhérents à la décadence romaine ; leur style se rapproche tellement de celui des monuments païens que, jusque vers le milieu de ce siècle, on a considéré l'édifice, auquel elles servent d'ornement comme un temple de Bacchus. Le choix des sujets prouve également qu'elles appartiennent au ${iv}^e$ siècle ; on y remarque, à côté de scènes foncièrement chrétiennes, des motifs communs à l'ancien et au nouveau culte : Psychés, Eros, enfants vendangeurs, tigres, cariatides à triple face, etc.

Au Latran, au contraire, tout plaide en faveur du ${xiii}^e$ siècle : « *Nicolaus papa IIII, sanctæ Dei genitricis servus. — Jacobus Torriti pictor hoc opus fecit. — Fr. Jacob de Camerino socius magistri operis recommendat se meritis beati Johannis,* » etc., etc. Telle était la teneur, non équivoque, des inscriptions tracées sur la mosaïque. A ces assertions s'ajoute la présence des portraits de saint François d'Assise (canonisé en 1228), de saint Antoine de Padoue, du pape Nicolas IV, et enfin de Jacques Torriti et de Jacques de Camerino, qui ont ainsi pris soin de se révéler à tous comme les auteurs véritables de la mosaïque.

En face d'énonciations aussi précises, une seule hypothèse paraît possible : celle qui consiste à prendre l'artiste du moyen âge pour un imitateur des monuments chrétiens primitifs, et à admettre pour le ${xiii}^e$ siècle romain une sorte de renaissance analogue à celle de Nicolas Pisano.

Mais ici nous nous heurtons à un argument des plus sérieux, quoiqu'il n'ait jusqu'ici pas été introduit dans le débat : l'abside du Latran renferme, à côté des scènes ci-dessus mentionnées, une image du Christ qui, de l'ancienne mosaïque, exécutée dans les premiers siècles de l'Église, a passé dans la nouvelle mosaïque faite ou refaite sous le pontificat de Nicolas IV. Sur ce point les témoignages sont aussi nombreux qu'authentiques. Citons tout d'abord deux inscriptions contemporaines de Nicolas IV :

1. Il faut rapprocher de nos trois compositions les motifs contenus dans une mosaïque de Constantine représentant le triomphe de Neptune (Delamare, *Exploration scientifique de l'Algérie; Archéologie;* pl. 139 et ss.).

*(Partem) esteriorem et anteriorem ruinosas hujus sancti templi a
fundamentis reedificari fecit et ornari opere mosyaco Nicolaus
papa IIII filius beati Francisci. Sacrum vultum Salvatoris integrum
reponi (fecit) in loco ubi primo miraculose apparuit quando fuit ista
ecclesia consecrata anno domini MCC° nonagesimo* [1].

> *Postremo quæ prima Deo veneranda refulsit
> Visibus humanis facies hæc integra sistens
> Quo fuerat steteratque situ relocatur eodem* [2].

Les écrivains des siècles suivants ont tous répété ou confirmé la
teneur des inscriptions de Nicolas IV. On trouvera dans l'ouvrage de
Crescimbeni et de Baldeschi [3] la liste des auteurs antérieurs au
XVIIIe siècle, et dans la note placée au bas de cette page, celle des
savants plus modernes [4] qui ont adopté cette opinion.

Ici encore l'unanimité est complète.

Sur l'âge exact du portrait du Christ, auquel une tradition
relativement récente, acceptée par quelques savants romains et
étrangers, prête une origine miraculeuse, les avis sont un peu plus
partagés, quoiqu'il ne se soit trouvé personne pour en nier la haute
antiquité. Le document le plus ancien que nous possédions sur cette
question se trouve dans un *Lectionnaire* faisant partie des Archives
du Latran et que Crescimbeni croit être du IXe siècle (?) environ.
L'origine du portrait y est rapportée dans les termes suivants :
« (Constantinus) in proprio Lateranensi palatio ecclesiam in ho-
norem Salvatoris mundi fabricavit... quam... publice consecravit
quinto Idus novembris... Et imago Salvatoris depicta parietibus
primum visibiliter omni populo romano apparuit [5]. »

Un auteur du XIIe siècle, Jean Diacre, reproduit presque textuelle-
ment les paroles du *Lectionnaire*. Après lui les déclarations relatives

1. J'emprunte cette inscription au travail si consciencieux de M. Barbet de Jouy:
les Mosaïques chrétiennes des basiliques et des églises de Rome. Paris, 1857, pp. 96
et suiv.

2. Crescimbeni et Baldeschi, *Stato della ss. chiesa papale Lateranense nell'*
anno MDCCXXIII; Rome, 1723, p. 163.

3. *Op. laud.,* pp. 167 et ss.

4. Assemani, *De sacris imaginibus* (dans Alemanni, *De lat. parietinis,* Rome,
1756, p. 236).— Platner, Bunson, etc., *Beschreibung der Stadt Rom,* t. III, 1re partie,
p. 534. — Nibby, *Roma nell' anno* 1838, *parte I, mod., p.* 256. — Valentini, *la
patriarcale basilica Lateranense,* Rome, 1837, t. I, p. 37. — Hemans, *A history
of mediæval Christianity and sacred art in Italy,* Londres, 1869, p. 407, etc., etc.

5. Crescimbeni, *op. laud.,* p. 156.

à l'antiquité du portrait deviennent si fréquentes que nous ne pouvons songer à les énumérer : toutes abondent dans le même sens [1].

Il y a quelques années, dans leur ouvrage, aujourd'hui classique, sur l'histoire de la peinture italienne [2], MM. Crowe et Cavalcaselle ont donné à cette tradition une sorte de consécration scientifique et ont mis en lumière l'intérêt qui s'attachait à cette épave, échappée au double vandalisme du moyen âge et des temps modernes. Ils admettent qu'elle peut appartenir au vi[e], au ve, voire au ive siècle.|

La réserve avec laquelle MM. Crowe et Cavalcaselle ont formulé leur opinion se comprend. Rien n'est plus obscur, en effet, que l'histoire de l'abside dans laquelle est incrusté le portrait du Christ. A-t-elle été ornée de mosaïques lors de la consécration de la basilique en 319 ou en 355? L'a-t-elle été sous les successeurs de Constantin? Ces mosaïques ont-elles contribué à faire donner à la nouvelle construction l'épithète de « aurea » que lui décerna l'admiration des fidèles? Le *Liber pontificalis,* qui nous entretient si souvent de la basilique constantinienne, ne répond à aucune de ces questions, et nous en sommes réduits à cet égard à de simples conjectures.

Un des premiers, Ciampini a essayé de résoudre le problème. Selon lui l'abside avec ses mosaïques serait l'œuvre de Flavius Constantius et de sa femme Padusia, et aurait été édifiée en exécution d'un vœu. Le savant prélat invoque à l'appui de son opinion l'inscription suivante :

Flavius Constantius Felix, Victor, magister utriusque militiæ, Patricius, et Consul ordinarius, et Padusia illustris femina ejus uxor voti compotes de suo fecerunt [3].

« Is », ajoute-t-il, en parlant de Flavius Constantinus, « basilicæ

---

1. Une vieille fresque, autrefois placée dans la confession du Latran, représentait également l'apparition de l'image miraculeuse. Au sommet, on voyait le médaillon du Christ, entouré de quatre anges ; en bas, saint Sylvestre officiant et la foule regardant le miracle. Une copie en couleur de cette peinture se trouve dans le cod. Barber. XLIX, n° 32, folio 5. Elle est accompagnée de l'inscription suivante : *Pictura exolescens /ere consecrationis a S. Silvestro papa peracta in altari Lateranensis basilicæ, Urbani Vti ævo, ut arbitror. E confessione basilicæ suprascriptæ, sub capitibus apostolorum SS. Petri et Pauli, a Gaspare Morono delineata vivisque coloribus expressa, MDCLXXII.* »

2. *Storia della pittura italiana,* t. I, p. 144-145.

3. D'après Panvinio, *De septem ecclesiis,* p. 109. Rapportée par Gruter (*Corpus,* p. 1076) avec quelques variantes.

Lateranensis absidam e musivo exornavit, et alios hos versus addidit, barbaros quidem, rem tamen plane explicantes :

> *Agnoscant cuncti sacro baptismate functi*
> *Quod domus hæc munda nulli sit in orbe secunda,*
> Etc., etc. »

On peut faire à ce système plusieurs objections : 1° L'inscription *Flavius Constantius* se trouvait « in throno », et non pas dans l'abside ; elle ne saurait par conséquent, ainsi que l'ont déjà fait remarquer les auteurs de la description allemande de Rome, s'appliquer à la mosaïque absidale [1]. 2° L'inscription *Agnoscant cuncti* ne peut être contemporaine de Flavius Constantius, puisqu'elle est en vers léonins [2]. Assemani la croit du temps de Sergius III [3]. La mention seule de la lèpre de Constantin [4] aurait dû suffire à préserver Ciampini de cette méprise. 3° Enfin, et cet argument a déjà été produit par l'illustre Panvinio, ne serait-il pas étonnant que Constantin eût laissé à d'autres le soin de construire l'abside [5]? Tous les documents, au contraire, sont d'accord pour déclarer que l'empereur dota la basilique avec la plus grande libéralité.

Cette dernière objection peut également s'appliquer au passage du *Liber pontificalis* où il est dit que Léon Ier « fecit cameram in basilica Constantiniana » (Vie de Léon Ier, § VI, t. I, p. 151 de l'éd. Vignoli). Avons-nous le droit, sans plus ample informé, de traduire « camera » par abside, et d'admettre que la principale basilique de Rome soit restée inachevée pendant plus de cent ans ?

Quant au passage de la « tabula magna » où il est question de travaux exécutés sous le pontificat de saint Grégoire, il nous paraît trop vague pour pouvoir être introduit dans le débat. Ce document, en effet, se borne à nous apprendre que ce pape « consecravit hanc ecclesiam post destructionem ejusdem factam per hereticos. »

---

1. *Beschr. der Stadt Rom*, t. III, 1re partie, p. 513.

2. L'épigraphie romaine ne nous offre pas le moindre vestige de vers léonins du IX° siècle, d'une composition surtout aussi nette et aussi irréprochable, dit M. de Rossi, à propos de l'inscription de S. Francesca Romana (*Musaici cristiani*).

3. *De sacris imaginibus*, dans Alemanni, *De later. parietinis*, éd. de 1756, p. 139.

4.
> *Hanc Constantinus in cœlum mente supinus*
> *Lepra mundatus intus, forisque novatus*
> *Fundavit primus, etc.*

5. *De præstantia basilicæ Lateranensis*, chap. VII, fol. 71 : « Mirum esset Constantinum basilicam sine ipsa absida condidisse. »

En face du silence ou de l'obscurité des textes, force nous est de rechercher les indications que peut fournir le style même des mosaïques absidales du Latran, et notamment le portrait du Christ. Ayant eu l'occasion, au mois de mars 1876, d'examiner de près ces peintures, du haut de l'échafaudage dressé en vue de la mutilation de la vénérable abside [1], nous avons acquis la conviction que le portrait avait été soumis à de nombreuses restaurations, mais qu'il n'avait pas perdu tout caractère d'originalité.

Voici d'ailleurs quelques notes prises devant le monument même [2]: Portrait du Christ. Largeur, en y comprenant la chevelure, 75 cent.; hauteur, depuis le sommet de la tête jusqu'à l'extrémité de la barbe, $1^m.05$. Le Christ est représenté de face. Sa tête s'enlève sur un nimbe d'or, de dimensions inusitées, simplement bordé d'un filet blanc; d'épais cheveux chatains retombent sur ses épaules et ombragent son front, qui est assez bas; le cou est nu; un manteau d'un brun violacé (pourpre), orné d'un clavus d'or, recouvre les épaules. L'expression générale est grave, majestueuse, mais sans sévérité. Le modelé de la face se distingue par sa souplesse et son harmonie; la carnation est chaude; l'artiste a indiqué avec précision les méplats, qui sont tout de convention dans les autres figures de la mosaïque. Seul le dessin de la barbe manque d'élégance et de liberté. Les cubes d'émail sont fort gros. On remarquera les touches bleues et violacées que l'artiste a introduites dans la chevelure et la barbe pour donner au coloris une force, une saveur plus grandes. Par suite des restaurations, cette image vénérable a beaucoup perdu de sa beauté primitive. C'est ainsi que l'œil gauche est devenu trop petit. La joue droite est presque entièrement refaite. De là vient que, vue d'en bas, cette partie forme tache et semble peinte, non pas incrustée. Les cubes d'or du nimbe sont de dimensions fort inégales, preuve de la multiplicité des restaurations. Mais malgré tant d'épreuves diverses l'ensemble respire encore je ne sais quel parfum antique, et on peut l'attribuer sans témérité au ve siècle environ.

De ce qui précède il résulte que la mosaïque actuelle du Latran renferme un fragment appartenant, selon toute vraisemblance, aux

1. M. de Laurière a récemment caractérisé, comme ils méritaient de l'être, ces projets regrettables, dont, à ce qu'il semble, les chanoines du Latran se sont faits les promoteurs (*Bulletin monumental*, 1879). Quand donc les droits de l'archéologie en matière de conservation des monuments seront-ils respectés!

2. Un estampage de la tête du Christ, exécuté par les soins et sous la direction de M. Gerspach, se trouve au ministère des beaux-arts (bureau des manufactures nationales).

premiers temps de l'Église [1]. Ce fait une fois établi, il est permis
de nous demander si d'autres fragments de la composition primitive
ne figurent pas également dans la mosaïque refaite par Torriti au
XIIIᵉ siècle.

S'il était prouvé que l'abside n'a jamais été reconstruite en entier,
notre conjecture acquerrait à coup sûr une grande vraisemblance.
Même dans le cas contraire on pourrait admettre, sans trop de témérité, que des parties considérables de l'ancienne mosaïque ont été
intercalées dans la mosaïque nouvelle, ainsi qu'on l'a fait de nos
jours pour l'arc triomphal de Saint-Paul hors les murs.

Or la démolition de l'abside primitive du Latran n'est nullement
prouvée. Les fenêtres en ogive ont pu être pratiquées dans l'épais-
seur du mur, sans que Nicolas IV ait eu besoin de faire procéder à
une reconstruction complète. L'expression *partem posteriorem* [2]
et anteriorem ruinatas... a fundamentis reædificari fecit, employée

---

1. Il nous faut faire justice ici d'une autre mosaïque qui se trouve également
au Latran et à laquelle bon nombre d'archéologues attribuent une origine, une date
presque aussi ancienne qu'au portrait de l'abside. Nous parlons du portrait aujourd'hui
placé au sommet de la façade. Crescimbeni (*Stato della SS. chiesa papale Late-
ranese nell' anno* 1723, p. 52) se borne à dire que tous les historiens de la basilique
considèrent cette image comme « antichissima ». Marangoni va plus loin : « Oltre
a questa, eravi un altra poco dissimile (!) faccia del Salvatore, parimente a mosaico,
atta allo stesso tempo, » etc. (*Istoria dell' ant. oratorio o capella di San Lorenzo*,
p. 175). Nibby, un des derniers qui aient mentionné cet ouvrage, aujourd'hui presque
ignoré, dit aussi qu'il est « antichissimo » (*Roma nell' anno* 1838, parte mod., t. I,
p. 243).
L'histoire de la basilique, le style du portrait, telles sont les raisons qui font
rejeter l'hypothèse de ces savants. Nous savons en effet que le portique, à la décoration duquel le portrait du Christ servait à l'origine, fut restauré par Eugène III en
1153 (Ciampini, *De sacris ædificiis*, p. 14), que la façade elle-même fut rebâtie un
siècle plus tard par Nicolas IV (Ugonio, *Historia delle stationi di Roma*, fol. 39).
Aucune inscription, aucun texte ancien ne nous dit, ainsi que cela est arrivé pour le
portrait de l'abside, que l'on ait restauré ou déplacé à cette occasion une image
miraculeuse remontant à Constantin, qu'on ait greffé des mosaïques nouvelles sur
un fond ancien. Au contraire, l'ensemble de la décoration dont ce portrait faisait
partie appartenait essentiellement au moyen âge. On y voyait saint Sylvestre enchaî-
nant le dragon, Constantin recevant le baptême, etc., etc. Peut-on imaginer une
composition plus opposée à l'esprit des premiers siècles
Si nous examinons maintenant la mosaïque elle-même, nos soupçons se changent
en certitude. Rien dans cette œuvre molle, indécise, ne rappelle l'art chrétien primitif. Tout, au contraire, plaide en faveur du moyen âge, et en particulier du
XIIᵉ siècle, époque à laquelle appartient, selon toute vraisemblance, le portrait que
nous venons de mentionner.
2. La leçon « posteriorem » est douteuse. M. Barbet de Jouy a parfaitement lu
« esteriorem ».

dans l'inscription de la mosaïque, ne doit pas être prise dans un sens trop littéral. Bien souvent, au moyen âge, on emploie cette formule pour de simples restaurations. Sinon, il faudrait admettre que chacune des basiliques de Rome a été rebâtie une demi-douzaine de fois. Nicolas IV lui-même n'a-t-il pas dit, dans l'inscription métrique déjà citée, qu'il avait fait reconstruire une partie seulement de l'édifice :

Ante retroque levat destructa reformat et ornat
Et fundamentis partem componit ab imis.

Nous pouvons d'ailleurs établir, par un texte postérieur d'une soixantaine d'années seulement à Nicolas IV, que l'abside n'a jamais été complètement détruite. Ce témoignage, qui a jusqu'ici passé inaperçu, est rapporté par Marangoni dans son ouvrage sur le *Sancta sanctorum* [1]. Voici en effet comment s'exprime à cet égard l'auteur cité par Marangoni, l'évêque Equilino Pietro de Natalibus, qui écrivait en 1339 : *Quæ quidem imago devotissima in ipso loco usque hodie perseverat. Et licet ecclesiæ ejusdem parietes usque ad fundamenta plerumque dissoluti fuerint, et iterum reparati, ipsa tamen tribuna cum imagine sacratissima nunquam potuit vetustate deleri, nullaque dissolvi.*

En examinant attentivement l'ensemble de la mosaïque, tel qu'il se présente à nous aujourd'hui, nous avons été amené à nous demander si nous n'avions pas affaire à la composition primitive elle-même, refaite, il est vrai, en grande partie, remaniée, complétée. La voûte hémisphérique de la tribune ayant été seulement restaurée, non pas rebâtie, sous Nicolas IV, cette hypothèse n'a rien que de très plausible. Mais on peut aller plus loin encore : à supposer que la mosaïque actuelle ait été complètement refaite au xiiie siècle, il est impossible qu'elle ne soit pas, dans ses parties essentielles, la copie d'une mosaïque plus ancienne, d'une mosaïque qui existait primitivement à la même place.

1. *Istoria dell' antichissimo oratorio o capella di S. Lorenzo*, Rome, 1747, p. 174. Le savant historien du Latran, M. G. Rohault de Fleury, est disposé, comme nous, à admettre que l'abside actuelle remonte, dans ses parties principales, à une époque antérieure au xiiie siècle. Nous devons toutefois ajouter que M. Stevenson, dans son travail intitulé *Scoperte di antichi edifizi al Laterano* (Rome, 1877, p. 12, extr. des *Annales de l'Institut de Corr. arch.*), semble pencher pour l'opinion contraire : « Le fondamenta della chiesa, » dit-il, « messe al nudo dallo scavo, appartengono in gran parte al secolo xiii, allorquando parmi fosse almeno rifatto il portico detto Leonino ; e Niccolò IV restaurò i cadenti muri dell' abside. Furono allora messi in opera come materiali frantumi scritti e scolpiti, che ora in parte rivedono la luce. »

Passons successivement en revue les différentes parties de la composition [1]. Le bas, avec les enfants pêcheurs, présente, comme nous l'avons déjà dit, des analogies tellement grandes avec les mosaïques du IV° siècle, qu'il est impossible de ne pas le considérer comme la copie littérale d'une de ces mosaïques. Je ne crains pas d'affirmer qu'un artiste du XIII° siècle aurait été incapable d'inventer un ensemble aussi gracieux, aussi vivant. On sait combien le moyen âge se montre inexpérimenté toutes les fois qu'il s'agit de modeler des corps nus. Ici, au contraire, malgré les dimensions des figures (les enfants sont de grandeur nature à peu près), on ne peut que louer la justesse, l'aisance des mouvements; les raccourcis sont des plus heureux; le coloris est vif sans être criard [2]. Par ci par là Torriti s'est permis quelque addition ou modification. C'est ainsi qu'il a refait toutes les inscriptions (*Jordanes*, etc.). La Jérusalem céleste, les agneaux, etc., proviennent peut-être aussi de sa main.

Les figures colossales de la partie centrale, la Vierge, saint Pierre, saint Paul, saint Jean-Baptiste, saint Jean l'Évangéliste, saint André, ont été très fortement retouchées [3]. Les draperies sont tourmentées, les têtes boursouflées; les gestes n'ont plus rien de la liberté, de la grandeur antiques. Et cependant il est permis de croire qu'ici encore nous nous trouvons en présence, sinon de figures du IV°-V° siècle, du moins d'une composition dont l'ordonnance remonte à cette époque.

Ce qui nous autorise à le supposer c'est la présence, entre la Vierge, saint Jean et les apôtres, de deux personnages de très petite dimension qui ont visiblement été intercalés, saint François d'Assise et saint Antoine de Padoue. Que l'on examine sur notre planche l'intervalle qui sépare les figures principales: il est uniforme. Or, si les six grandes figures et les deux petites avaient été exécutées en même temps, l'artiste n'aurait pas manqué d'espacer davantage celles des grandes figures entre lesquelles les petites devaient prendre place. Pourquoi en outre aurait-il donné des proportions presque

---

1. L'enfant placé à l'extrême gauche, auprès d'une cage, paraît moderne. Celui qui se trouve près du Jourdain, à gauche, est beaucoup plus grossièrement modelé que les autres. Le dessin de sa jambe droite prête surtout à la critique. Par contre le portrait du frère Jacob de Camerino est d'une exécution fort satisfaisante.

2. Il faut toutefois distinguer entre les figures de la Vierge et de saint Jean-Baptiste d'un côté, celles des apôtres de l'autre. Ces quatre dernières sont d'un travail plus fin.

3. Nous laissons de côté les figures placées au-dessous de la voûte hémisphérique, entre les fenêtres. Ces figures, il n'est pas permis d'en douter, appartiennent toutes au XIII° siècle.

microscopiques à ces deux saints si populaires au xiii° siècle, saint François, saint Antoine? à saint François surtout, qui avait soutenu et redressé l'édifice chancelant du Latran ! Cette disposition n'avait rien d'insolite quand il s'agissait d'un simple donateur, tel que le pape Nicolas IV agenouillé aux pieds de la Vierge. Mais nous ne craignons pas de dire que si l'artiste n'y avait pas été obligé par le manque de place, jamais l'idée ne lui serait venue de sacrifier ainsi saint François et saint Antoine.

La partie supérieure de la composition, celle où se trouve le portrait du Christ, se compose d'un fond bleu, parsemé de nuages, sur lesquels se détachent six anges et un chérubin. Plusieurs de ces anges sont entièrement refaits [1], notamment celui qui se trouve à gauche, à côté du séraphin. D'autres (les deux anges placés aux extrémités inférieures) paraissent remonter au moyen âge. L'un d'eux enfin, le second à droite à partir du bas, provient peut-être de la mosaïque primitive [2]. Ici encore, selon toute vraisemblance, Torriti s'est borné à compléter l'œuvre de son prédécesseur.

III

L'étude de la mosaïque absidale de Sainte-Marie-Majeure, mosaïque qui est également due à Torriti et qui renferme un certain nombre de motifs de tout point semblables à ceux du Latran, va nous permettre de contrôler les hypothèses émises ci-dessus [3].

Ces mosaïques étaient célèbres dès le moyen âge. Jean Diacre,

1. « La tribune exigeait impérieusement alors (en 1663) une restauration : elle s'accomplit avec tout le respect que doit inspirer un tel monument; les figures d'anges en mosaïque qui environnent la tête de Notre-Seigneur furent toutes retouchées ou reprises entièrement. » (Rohault de Fleury, *le Latran*, p. 284.)

2. Crowe et Cavalcaselle, *Histoire de la peinture italienne*.

3. On ignore généralement que Nicolas IV, ou son contemporain le cardinal Jacques Colonna, a également orné de mosaïques l'extérieur de la tribune. Ce fait est établi par les témoignages suivants : A. Fulvio, *Antiquitates Urbis*, fol. 30 : « musivo opere a fronte et a tergo, tam interius quam exterius insignita »; P. Ugonio, *Hist. delle stationi*, p. 68 : « papa Nicola quarto et Jacomo cardinale Colonna, che ornarono parimente del medesimo lavoro (di mosaico) la parte di dietro di essa tribuna »; de Angelis, *Basilicæ S. Mariæ majoris descriptio*, p. 90 : « in archivio reperimus Jacobum cardinalem Columnam non solum in interiori, sed etiam exteriori parte variis historiis tribunam ornasse ad gloriosam Virginem spectantibus ». Ces mosaïques, dont on aperçoit un léger croquis sur une planche (p. 66) de l'ouvrage de de Angelis, n'ont pas trouvé grâce devant le vandalisme romain des derniers siècles. Aujourd'hui il n'en reste plus le moindre vestige.

déjà, en proclame la beauté. « Hæc absida, » dit-il en parlant d'elles, « nimis pulchra de musivo est effecta. Nam videntur a pluribus pisces ibi in floribus, et bestiæ cum avibus, inter chorum et altare [1]. » Arrêtons-nous un instant sur cette description, elle a son intérêt. Pour bien la comprendre il faut se rappeler que l'abside de Sainte-Marie-Majeure renferme précisément, à côté du couronnement de la Vierge, et d'autres scènes, d'invention relativement moderne, des motifs absolument analogues à ceux que signale Jean Diacre. « Les figures et les groupes sont la répétition de ceux que l'on voit à Saint-Jean-de-Latran, et l'on retrouve également ici, vers le milieu, la montagne et l'enceinte du paradis, deux cerfs se désaltérant, les *quadrupèdes*, les *oiseaux*, les *poissons*, représentant les êtres créés qui peuplent la terre, l'air et l'eau [2]. »

De telles représentations, peu communes au moyen âge, étaient effectivement ce qui devait frapper le plus les fidèles de cette époque, et on comprend que Jean Diacre ait négligé de mentionner les mosaïques de la nef et de l'arc triomphal : elles ne contenaient que des scènes bien connues, tirées de l'Ancien et du Nouveau Testament.

Le document que nous avons transcrit tout à l'heure, intéressant au point de vue de l'expression des sentiments du moyen âge, acquiert une valeur capitale si l'on se rappelle que Jean Diacre écrivait longtemps avant les travaux exécutés à Sainte-Marie-Majeure par le pape Nicolas IV. D'après Panvinio [3] et Mabillon, il vivait sous le pontificat d'Alexandre III (1159-1181); d'après les auteurs de la description allemande de Rome [4], sous celui d'Alexandre IV, en 1260; Torriti, au contraire, ne commença la restauration de la mosaïque de Sainte-Marie-Majeure qu'après 1290. En rapprochant ces dates on arrive, par un calcul aussi simple que rigoureux, à établir que les poissons, les quadrupèdes, les oiseaux, les fleurs, c'est-à-dire toute cette partie de la mosaïque dans laquelle domine l'influence antique, existaient avant Torriti, puisqu'ils sont mentionnés par un écrivain antérieur à lui, dans l'hypothèse la moins favorable, de trente années au moins.

---

1. Mabillon, *Museum italicum*.

2. Barbet de Jouy, *les Mosaïques chrétiennes*, p. 105. — Quoique dans la langue informe du moyen âge il ne faille pas prendre chaque mot au pied de la lettre, il importe cependant de préciser autant que possible. « Flores », ce sont sans doute les guirlandes et les rinceaux; « bestiæ » s'applique aux animaux de petite taille que l'on voit au milieu du feuillage, par exemple la souris placée dans la corolle du premier rinceau de droite; « pesces », les poissons qui peuplent la rivière.

3. *De præstantia*, passim.

4. *Beschreibung*, t. III, Iʳᵉ partie, p. 511. Cf. de Rossi, *Roma sott.*, t. I, p. 161.

Mais ici nous voyons surgir une difficulté sérieuse : un interpolateur a ajouté plusieurs chapitres au traité de Jean Diacre[1]. N'est-il pas plus naturel d'admettre que le paragraphe relatif aux mosaïques de Sainte-Marie-Majeure est du nombre ? Dans un ouvrage consacré au Latran il formait comme un hors d'œuvre.

Grâce aux recherches de M. L. Delisle, la solution de ce problème n'offre plus aucune difficulté. L'illustre savant a en effet signalé l'existence, à la Bibliothèque nationale, de deux manuscrits remontant tous deux au xiie siècle et contenant la description du Latran reproduite par Jean Diacre[2]. Le texte de cette description serait même plus ancien d'après M. Delisle[3]. En examinant ces deux manuscrits, qui portent les numéros 2287 et 5129 (fonds latin), nous avons eu la satisfaction de trouver dans tous deux le paragraphe relatif à Sainte-Marie-Majeure, et une description des mosaïques absolument identique à celle de Jean Diacre.

Le doute n'est donc pas possible : les principaux éléments de l'ornementation, si justement célèbre, de Sainte-Marie-Majeure, sont antérieurs de plusieurs siècles à Torriti. Celui-ci n'a probablement fait que les restaurer. Son rôle a consisté tout au plus à remplacer la mosaïque ancienne par une copie plus ou moins exacte.

A Sainte-Marie-Majeure, comme au Latran, on remarque les figures de saint François d'Assise et de saint Antoine de Padoue. Seulement, au lieu d'être placées entre les apôtres, elles sont reléguées aux deux extrémités. Ici encore les deux saints semblent avoir été ajoutés après coup. Si l'on examine bien le cep de vigne doré

---

1. *Beschreibung der Stadt Rom,* loc. cit. — Oudin, *Commentarius de scriptoribus Ecclesiæ antiquis,* t. II, p. 1548 : « hinc colligitur in hoc libro interpolamentum adjectum duobus capitibus, cap. 2, ubi de Alexandro papa IV an. MCCLX agitur, et cap. II, ubi de Bonifacio papa VIII, anno MCCXCVII. »

2. *Journal des savants,* 1860, p. 575-579 : sur le catalogue de la bibliothèque de Valenciennes.

3. « C'est une description de la basilique du Latran, qui date de la fin du xie, ou du commencement du xiie siècle, puisque d'une part il y est question de la sépulture d'Alexandre II, mort en 1073, et que, d'autre part, l'un des manuscrits dans lesquels nous la rencontrons a été exécuté entre les années 1154 et 1159. » — L'auteur de la description mentionne d'autres œuvres d'art encore passées sous silence par Jean Diacre, sans doute parce qu'elles n'existaient plus de son temps ; c'est ainsi qu'en parlant du Latran il dit : « exterius, super... fores ecclesiæ est imago Salvatoris. Hinc et hinc imagines Michaelis et Gabrielis» (B. N., fonds latin, n° 2287, fol. 169 v°). Cette composition, ou nous nous trompons fort, existait encore du temps de Giotto. Dans son tableau du Louvre (n° 207) l'illustre peintre florentin nous montre en effet la façade du Latran ornée d'une mosaïque représentant le Christ debout entre deux archanges.

qui donne naissance, de chaque côté, à une double rangée de rinceaux, on est surpris de voir qu'au lieu d'être placé directement au-dessous de ces rinceaux il s'élève à la limite extrême de la mosaïque. Cette disposition est anormale ; il en résulte une courbe disgracieuse, qu'il nous paraît difficile de mettre au compte de l'auteur de la mosaïque primitive. Ne serait-ce pas plutôt Torriti qui a reculé ainsi ces ceps pour pouvoir introduire dans le bas de la composition les figures des deux saints, de même qu'il aura supprimé les rinceaux du centre pour gagner la place nécessaire au *Couronnement de la Vierge*. En effet, cette dernière scène, il n'est pas permis d'en douter, date du xiiie siècle, non du ve. A l'origine les rinceaux couvraient selon toute vraisemblance l'abside tout entière, à l'exception de l'espace réservé dans la partie inférieure aux apôtres.

Ces points établis pour Sainte-Marie-Majeure, on éprouvera moins de scrupules à appliquer la même solution aux parties correspondantes de la mosaïque du Latran, notamment aux enfants pêcheurs, et à revendiquer en faveur de l'antiquité chrétienne une œuvre dont on a trop longtemps fait honneur au moyen âge.

IV

DES ÉLÉMENTS ANTIQUES DANS LES MOSAIQUES ROMAINES
DU MOYEN AGE.

Dans un travail publié ici même il y a quelques années, au mois de novembre 1878 et au mois d'août 1879, j'ai entrepris de démontrer que deux des plus célèbres mosaïques de la Ville éternelle, les compositions absidales de Saint-Jean-de-Latran et de Sainte-Marie-Majeure, reproduisaient des motifs propres à l'art chrétien primitif, et que l'on était en droit de les considérer soit comme des mosaïques du ve siècle, restaurées et remaniées, soit comme des copies de mosaïques remontant à cette époque.

Depuis, j'ai eu la joie de voir le juge le plus autorisé en pareille matière, M. de Rossi, adopter mon hypothèse, la fortifier par de nouveaux arguments, enfin lui donner sa véritable consécration scientifique. Qu'il me soit permis, avant d'aller plus loin, de céder la parole à mon illustre maître, et de reproduire celles du moins de ses considérations dans lesquelles sa bienveillance à mon égard ne l'a pas emporté trop loin : « L'artiste du xiiie siècle, dit M. de Rossi,

---

1. Voyez la *Revue archéologique*, septembre 1874, octobre et novembre 1875, décembre 1876, janvier et septembre 1877, juin et novembre 1878, août 1879.

s'est-il contenté d'imiter à sa guise, dans la mosaïque de Sainte-Marie-Majeure, cette espèce de décoration d'un type classique, ou bien n'a-t-il pas plutôt, non seulement reproduit exactement les ornements de l'ancienne abside du v° siècle, qui menaçait ruine, mais même conservé dans la zone inférieure une partie de l'ancienne mosaïque? C'est la question que se pose M. Müntz. L'exemple de ce que Jacques Torriti avait fait dans la basilique de Latran lui paraît donner un certain poids à sa conjecture; de plus, un témoignage historique, dont il tire parti fort à propos, prouve jusqu'à l'évidence la relation entre la mosaïque antérieure et la nouvelle, ainsi que la probabilité qu'une partie de la première a été restituée et insérée dans la seconde. Dans la *Descriptio sanctuarii Lateranensis ecclesiæ*, document que nous avons déjà cité et dont la date doit se placer entre les années 1073 et 1159, il est dit à propos de l'abside de Sainte-Marie-Majeure, à une époque qui précède de deux siècles environ les nouveaux travaux de Nicolas IV : « Hæc absida « nimis pulchra de musivo est effecta ; nam videntur a pluribus pis- « ces ibi in floribus et bestiæ cum avibus. » Donc, bien avant le pontificat de Nicolas IV, cette abside était décorée d'une très belle mosaïque, qui était remarquable à cause de ses poissons, de ses oiseaux et autres animaux placés « in floribus », c'est-à-dire au milieu d'une décoration de fleurs ou de volutes fleuries de vignes. Aucune des nombreuses mosaïques qui nous restent encore de Pascal Ier ne présente ce genre de composition; il faut remonter à l'âge des origines de la basilique et à Sixte III (432-440) pour trouver un exemple analogue à celui dont l'écrivain du xi° ou du xii° siècle nous a laissé la description. Nous souscrivons donc volontiers à l'ingénieuse opinion de M. Müntz et aux raisons qu'il a mises en avant pour trouver que dans l'abside du xiii° siècle de Sainte-Marie-Majeure il existe une partie ou au moins une réminiscence et une imitation des ornements de celle du v°[1]. »

Encouragé par cette haute approbation, je viens aujourd'hui compléter ma démonstration, c'est-à-dire, rechercher si le système que j'ai préconisé ne peut pas s'appliquer à quelques autres peintures en mosaïque, jusqu'ici attribuées au moyen âge.

---

1. *Musaici cristiani*. Mosaïque de l'abside de Sainte-Marie-Majeure.

V

Une des mosaïques romaines les plus célèbres est celle dont Constantin fit orner l'abside de la basilique du Vatican. Le *Liber pontificalis*, notre suprême ressource pour l'étude de cette époque, ne
mentionne pas, il est vrai, ce genre de décoration; il se borne à dire :
« Constantinus Aug. fecit basilicam beato Petro apostolo ex rogatu
Silvestri episcopi in templo Apollinis... in quo loco corpus ejusdem
apostoli mirifice collocavit[1] ». Mais l'*Itinéraire d'Einsiedeln* déjà
vient combler cette lacune en nous apprenant que l'arc de la basilique renfermait une inscription conçue comme suit, inscription
que nous montrerons dans la suite avoir été tracée en « opus ver-
miculatum » :

> *Quod duce te mundus surrexit in astra triumphans,*
> *Hanc Constantinus victor tibi condidit aulam[2].*

Trois siècles plus tard la mosaïque avait déjà besoin de réparations,
preuve de son antiquité. « Severinus renovavit absidam B. Petri apostoli ex musivo, quod dirutum erat[3]. » Ciampini prétend que ce
travail eut lieu en 638[4], mais cette date est fausse, Séverin n'ayant été
proclamé pape qu'en 640. Bien d'autres épreuves attendaient cette
composition : au xiiie siècle Innocent III (1198-1216) en renouvela
une partie et y introduisit son portrait; au commencement du
xvie siècle Jules II fit détruire l'arc avec l'inscription *Quod duce*[5];

---

1. *Vita S. Silvestri*, § 14. M. Valentini sait l'année, le jour et presque l'heure de
la consécration de l'édifice : « compiuta che fù l'edificazione di questa novella Basilica venne solennemente consecrata da S. Silvestro il 18 novembre 324. » *La patriarcale Basilica Vaticana* (Rome, 1845-1855), t. I, p. 6.

2. Urlichs, *Codex urbis Romæ topographicus* (Wurzbourg, 1871), p. 60. Muratori
(*Inscriptiones*, p. 1853) écrit « triumphus » et croit que l'inscription est postérieure
de quelques siècles à Constantin. Voy. aussi Mai, *Vet. scriptorum nova collectio*,
t. V, p. 105, note. Rapprocher cette inscription de celle que Didier, abbé du Mont-
Cassin, fit placer dans son monastère, au xie siècle :

> *Ut duce te patria justis potiatur* (sic) *adepta,*
> *Hinc Desiderius pater hanc tibi condidit aulam.*

3. *Lib. Pont., Vita Severini*, § V.
4. *De sacris ædificiis,* p. 42.
5. Andrea Fulvio, qui vivait sous Jules II et Léon X, nous dit que « legebatur nuper

en 1592, enfin, Clément VIII donna l'ordre d'abattre ce qui restait encore de la mosaïque, c'est-à-dire la composition incrustée dans la concha.

Si la mosaïque absidale de Saint-Pierre n'existe plus, nous en possédons du moins plusieurs copies anciennes, dont l'une, exécutée par ordre du pape, et certifiée conforme par un protonotaire apostolique, est conservée dans les archives du chapitre de Saint-Pierre, où il m'a été donné de l'examiner [1]. On y aperçoit sur le sol, au-dessous des figures principales, plusieurs scènes de dimensions exiguës, et dont la disposition, non moins que le style, rappelle l'antiquité classique : citons parmi elles des bûcherons placés près d'un édicule et frappant un arbre à coups de hache, tandis qu'un lion s'approche de l'un d'eux. La signification de ces scènes est assez énigmatique (Mgr Barbier de Montaulty voit la personnification des saisons) [2]; mais ce point importe peu à la solution du problème que nous cherchons à résoudre ; ce qu'il est essentiel de constater, c'est l'élégance, le caractère éminemment décoratif de ces petites compositions : elles offrent infiniment plus d'analogies avec les peintures de l'empire romain qu'avec celles du moyen âge.

La ressemblance de la scène principale, le Christ assis entre saint Pierre et saint Paul, avec les représentations connues sous le nom de *Don du Christ* ou *Christ triomphant*, si fréquentes dans l'art chrétien primitif, ne peut que corroborer une telle manière de voir. Signalons aussi les deux cerfs s'approchant des fleuves du paradis (*Gion, Phison, Tigris, Euphrates*) ; ils rappellent de la manière la plus frappante les mosaïques absidales du Latran et de Sainte-Marie-Majeure.

Mais que devient notre conjecture en présence de l'inscription

---

in abside quæ nunc diruta est distichon ex musivo paucis notum : *quod duce te....* » *Antiquitates Urbis*(Rome, 1527), fol. **xxxv**.

1. Deux autres copies anciennes se trouvent à la bibliothèque du Vatican, dans le recueil de dessins de Ciacconio, XXXIV, 50, fol. 158; deux à la bibliothèque Barberini (XLIX, n° 19, fol. 26); une cinquième à l'Ambrosienne (F. inf. n° 227, fol. 3); une sixième enfin à notre Bibliothèque nationale (nouveau fonds italien, monuments de la primitive Église, n° 9, t. II; larg. 0^m,48, haut. 0^m,39). Je dois la connaissance de cette dernière à notre éminent archéologue M. Le Blant, que je suis heureux de pouvoir remercier ici de son obligeance. Ciampini a publié une gravure assez exacte de la copie conservée aux archives de Saint-Pierre; il a notamment respecté la forme des inscriptions qui ont été altérées par Torrigio (*Sacre grotte Vaticane*, éd. de 1639, p. 63 et suiv.) et par les Bollandistes (*Acta sanctorum*, juin, t. VII, p. 135).

2. *Les souterrains et le trésor de Saint-Pierre* (Rome, 1866), p. 77.

léonine suivante, tracée au-dessous de la mosaïque, preuve bien
évidente d'une origine médiévale :

> *Summa Petri sedes est hæc sacra principis ædes,*
> *Mater cunctarum decor et decus ecclesiarum.*
> *Devotus Christo qui templo servit in isto*
> *Flores virtutis carpit fructusque salutis.*

Que devient-elle surtout en présence du portrait d'Innocent III,
qui en se faisant représenter dans la bande inférieure de la composition, en regard de l'*Ecclesia romana*, semble avoir revendiqué pour
lui l'honneur d'avoir créé cette décoration [1] ?

Nous répondrons qu'ici, comme dans tant d'autres monuments
romains, le pape qui a fait procéder à la restauration a pu s'attribuer
tous les droits d'un véritable fondateur : rien n'était plus facile que
d'introduire le portrait d'Innocent III dans un ouvrage datant du
IVe ou du Ve siècle ; on ne procéda pas autrement pour intercaler les
portraits de saint François d'Assise et de saint Antoine de Padoue
dans les mosaïques du Latran et de Sainte-Marie-Majeure.

Cette opinion, hâtons-nous de l'ajouter, ne date pas d'aujourd'hui.
Dès le siècle dernier, les bollandistes ont essayé de prouver, en se
fondant sur des arguments d'ailleurs peu solides, que la mosaïque
absidale de Saint-Pierre était la copie d'un original détruit, original
remontant au règne de Constantin [2].

Le témoignage des auteurs du XVIe siècle, qui ont encore vu la mo-

---

1. Le portrait d'Innocent III se trouve aujourd'hui, en compagnie de celui de Grégoire IX, provenant de l'ancienne façade du Vatican, dans la chapelle de la villa
Catena, près de Poli. Reumont, *Geschichte der Stadt Rom*, t. III, 1re partie,
p. 521.

Un autre fragment, dénué de toute authenticité et ayant perdu tout caractère,
se trouve dans les cryptes du Vatican, sous le n° 199. On lit sur la plaque de mar-
bre fixée à côté de lui ce certificat d'origine : « Pauli apostoli musiva imago erat in
apsida Innocentii papæ III, ante altare S. Petri, hic M. D. C. XXXI affixa ». Ce fragment, mesurant 0m,80 de large sur 0m,95 de haut, représente saint Paul ; la tête et
la poitrine seules ont échappé aux coups des démolisseurs, et encore la première a-t-
elle été si mal restaurée qu'on la prendrait plutôt pour le portrait de saint Pierre que
pour celui de saint Paul.

2. « ...dicendum picturam musivam Innocentii III, in apside Vaticana, quantum
ad præcipuas ejus figuras attinet, verosimiliter repræsentare eadem quæ repræsen-
tabat pictura ibi renovata a Severino papa, et primum facta (secundum indicatam
opinionem nostram) a S. Silvestro.... conjici non temere potest apsidis ab Innocentio
III restauratæ picturam Innocentii ætate multo antiquiorem esse. » *Acta*, juin, t. VII,
p. 135, 137.

saïque en place, donne singulièrement de poids au système soutenu
par les éditeurs des *Acta sanctorum*. Écoutons d'abord Tiberio Alfarano, l'un des historiens les plus autorisés de la basilique : «Questa
absida overo tribuna », dit-il, « è la medesima quale fu fatta fare da
Constantino imperatore, tutta ornata de mosivo, et altre figure et
segni che sino a questo di se ritrovano, quali (*sic*) musaico, cele-
brando un giorno papa Clemente VII in detto altare, cascò un pezzo
per il che volendolo far ruinare tutto, per consiglio di certo excellen-
tissimo maestro (il discepolo del quale me l'ha referito questo che
ha lavorato in quest' opera) fu de tal modo inchiodato detto musaico
nel muro del absida con certe stelle de metallo inaurate poste per
forza de trapani confitto poi a modo de trivello, che mai più fu peri-
colo che d° musaico cascasse[1], che referiva che era discosto dal
muro in alcuni luoghi più d'un palmo, quali stelle hogi si veggono
in segno et testimonio de questa cosa et ne tenemo una che è cas-
cata questi giorni passati.»

Un contemporain d'Alfarano, Jacques Grimaldi, s'occupe plus
spécialement de la mosaïque de l'arc triomphal, c'est-à-dire de l'arc
précédant l'abside proprement dite[2]; il nous dit qu'elle était ornée
d'une inscription rappelant la part que Constantin avait eue à sa
fondation : « Versus musiveis litteris in arcu majore veteris Vaticanæ
basilicæ in capite columnarum mediæ navis ante aram maximam :

Quod duce te mundus surrexit in astra triumphans
Hanc Constantinus victor tibi condidit aulam.

Hic arcus periit sub Julio 2°, in demolitione posterioris partis basilicæ. Apsidæ conjunctus paries ad septentriones Clementis VIII
pontificatu multis historiis B. Petri musiveis, sed pene vetustate et

---

1. Un document inédit des Archives de la fabrique de Saint-Pierre nous apprend
que le maître chargé de ce travail ne fut autre que le célèbre Jean d'Udine : 1531,
15 avril. « A maestro Giovanni da Udine per acconciatura del musaico di San Pietro
duc. 25. » — 7 juin. « duc. 10 di camera a M° Gio. da Udine, per più stelle di
bronzo per il musaicho. »

2. Sur la gravure de Pietro Santi Bartoli (*Tribuna di musaico della chiesa antica
di S. Pietro in Vaticano, descritta da Carlo Patredio, disegnata et intagliata da
Pietro Santi Bartoli*), il s'agit non de l'arc triomphal, mais de l'arc de la tribune,
c'est-à-dire de l'arc qui précède immédiatement la concha de l'abside. Nous devons
faire observer que les huit figures tracées sur cet arc, les apôtres accompagnés de
brebis, pourraient bien être un produit de la trop féconde imagination de l'artiste.

imbre cœcatis ornatus erat. Constantini tempore hos ibi conscriptos
versus affirmat Mapheus Veggius sic. Quorum caracteres longe
vetusti peneque dixerim decrepiti nullum etiam aliud quam Constantini tempus, quo ibi conscripti sunt manifeste arguere videntur.
Sunt et in alio arcu absidæ, super altare majus, aliæ litteræ quæ ne-
gligentius habitæ majori ex parte corruerunt, sed ex paucis earum
quæ vix adhuc legi possunt deprehenduntur, licet non integre,
verba hæc :

> *Constantinus expiata hostili*
> *Incursione* [1]. »

Quant à Onofrio Panvinio, après avoir revendiqué une partie de la
décoration de l'abside pour le règne de Constantin, il ajoute, par
une exagération évidente, que la mosaïque de la concha, celle-là
même dont nous nous occupons, a été faite entièrement par Innocent III : « Absidam basilicæ... musiveis figuris primus ornavit
Constantinus, quarum paulo intra, ex utroque parietum latere, ali-
quot vestigia extant, ut ex his versibus, qui in ea erant, manifestum
erat :

> *Quod duce te mundus surrexit in astra triumphans*
> *Hanc Constantinus victor tibi condidit aulam.*

Musiveas easdem imagines temporis injuria exolescentes renovavit Severinus papa, ut tradit bibliothecarius, quas dirutas omnino,
ut nunc aspicimus, refecit Innocentius III. » Ailleurs il dit, en parlant de l'inscription: « qui characteres vetustissimi et prægrandes,
etiam exolescentes, nullum aliud quam Constantini tempus, quo
ibi scripti sunt, arguere videbantur [2]. »

En résumé, les témoignages si formels sur la présence, dans la
mosaïque absidale de Saint-Pierre, de fragments remontant à l'ère
constantinienne, et, d'autre part, le caractère même de cette mosaïque, avec ses réminiscences antiques si frappantes, nous autorisent
à croire que nous avons affaire, ici, comme au Latran et à Sainte-

---

1. Bibl. Barberini, XXXIV, 50, fol. 164, v°.
2. Bibl. nation., fonds latin, n° 5179, liv. III, ch. II, fol. 211, 224, et *Spicilegium
romanum* de Mai, t. III, p. 230, t. IX, p. 225.

Marie-Majeure, soit à la mosaïque originale, restaurée et remaniée, soit à une copie, légèrement modifiée, de la composition originale.

VI

Plus encore que la mosaïque absidale de Saint-Pierre, celle de Saint-Clément offre des motifs propres à l'art chrétien des premiers siècles ; la différence d'inspiration et de style est surtout sensible si nous comparons la mosaïque de la concha à celle de l'arc de la tribune. Ici, il faut tout d'abord le déclarer, nous avons affaire à une œuvre du xiie ou du xiiie siècle. On sait, en effet, que la basilique actuelle de Saint-Clément a été élevée au xiie siècle seulement, sur les ruines d'une basilique plus ancienne, retrouvée et dégagée il y a une vingtaine d'années. Mais si cette mosaïque est relativement moderne, quant à la date de son exécution, tout nous autorise à affirmer que, quant à sa composition, elle se borne à reproduire, avec quelques légères variantes, une mosaïque beaucoup plus ancienne ; selon toute vraisemblance, celle qui ornait la basilique inférieure. M. de Rossi nous apprend que l'on pouvait pénétrer dans cette dernière au xie siècle encore, en 1059 [1] ; ne sommes-nous pas en droit de supposer que l'on en a profité pour copier une œuvre à laquelle s'attachait la vénération universelle ? Peut-être même s'est-on servi des cubes d'émail de cette mosaïque primitive pour exécuter la mosaïque nouvelle, de même que l'on a employé pour le chancel de la basilique nouvelle les marbres de la basilique souterraine. Ces sortes d'adaptations ne sont pas rares au moyen âge, nous le savons par l'exemple de Charlemagne qui mit en coupe réglée les mosaïques de Ravenne.

Ce qui frappe avant tout dans la composition absidale de Saint-Clément, c'est sa ressemblance avec la mosaïque du portique de Saint-Venance, situé à quelques pas de là (baptistère de Constantin, au Latran). Dans l'une comme dans l'autre, d'immenses rinceaux couvrent le champ de l'abside et forment le motif principal de la décoration. Il est vrai que ceux du portique de Saint-Venance l'emportent singulièrement par leur légèreté, leur élégance ; mais cette supériorité n'a rien qui doive nous étonner ; les juges les plus autorisés sont aujourd'hui d'accord pour attribuer la décoration du portique à la fin du ive ou au commencement du ve siècle, c'est-à-dire, à une époque où la tradition classique était encore dans toute sa

1. *Musaici cristiani ; abside della Basilica di San Clemente.*

force. L'artiste du moyen âge auquel nous devons la mosaïque de Saint-Clément ne pouvait évidemment s'élever à la hauteur d'un tel modèle, même en s'astreignant à une reproduction textuelle.

Si nous examinons maintenant l'emploi des rinceaux comme motif de décoration, nous trouvons qu'il constitue un des traits distinctifs de la peinture chrétienne primitive. A Rome, des rinceaux gigantesques formaient ou forment aujourd'hui encore la base de la décoration de Sainte-Constance et de Sainte-Marie-Majeure; à Naples, nous les trouvons dans le baptistère, monument du v⁰ siècle; à Capoue, dans la chapelle de San Prisco; à Ravenne, dans le mausolée de Placidie, dans le baptistère des orthodoxes et dans la basilique de Saint-Vital.

Revenons aux analogies entre la mosaïque de Saint-Clément et celle du portique de Saint-Venance. Ainsi que M. de Rossi l'a fait remarquer, les pâtres, en costume antique (penula; jambes nues), qui, à Saint-Clément, se trouvent dans le bas de la composition, rappellent de tous points ceux que l'on voyait autrefois dans la mosaïque de Saint-Venance : la reproduction d'un modèle plus ancien est évidente, car ce costume cessa d'être porté à partir du triomphe des barbares.

Si nous étendons notre examen à d'autres monuments des cinq ou six premiers siècles, les points de repère ne sont pas moins caractéristiques. Les cerfs se désaltérant aux fleuves du paradis se rencontrent à Saint-Jean-de-Latran, à Sainte-Marie-Majeure, dans le mausolée de Placidie et dans diverses autres mosaïques contemporaines. La profusion des oiseaux est également une preuve de la haute antiquité de la composition traduite sur la concha de Saint-Clément; elle rappelle la décoration des deux chapelles du baptistère de Constantin, celle du baptistère de Naples, de Saint-Vital de Ravenne, de Sainte-Marie-Majeure. En ce qui concerne les douze colombes représentées sur le crucifix, M. de Rossi les a rapprochées avec raison des figures similaires de la mosaïque de Nole, décrite par saint Paulin, et de celles qui sont sculptées sur les sarcophages du iv⁰ et du v⁰ siècle [1].

Les génies nus placés entre les rinceaux méritent surtout de fixer l'attention. Par la liberté de leurs mouvements et la variété de leurs attitudes, ils rappellent de la manière la plus frappante les modèles du temps de Constantin; je crois même pouvoir aller plus loin, et les rattacher, rapprochement qui n'a pas été fait jusqu'ici,

1. *Musaici cristiani ; abside della Basilica di San Clemente*, p. 3.

aux Éros de la voûte annulaire de Sainte-Constance : l'inspiration est identique, quoique les figures de Saint-Clément soient loin d'avoir la grâce qui caractérise leurs aînées du IVe siècle, et quoique l'on constate une certaine différence dans les faits ou gestes de ces personnages si éminemment païens : à Sainte-Constance, ils planent en quelque sorte dans les airs; à Saint-Clément, l'un joue de la flûte, un autre montre une corne d'abondance, un troisième enfourche un dauphin (ce dernier motif, on se le rappelle, se rencontre dans les mosaïques du Latran et de Sainte-Marie-Majeure, qui semblent l'avoir elles-mêmes emprunté à la décoration de la coupole de Sainte-Constance).

Il est cependant dans la mosaïque de Saint-Clément, comme dans celles du Latran, de Sainte-Marie-Majeure, de Saint-Pierre, un certain nombre de motifs que l'artiste du XIIe siècle n'a pas pu emprunter à ses prédécesseurs, pour la raison que ceux-ci les ignoraient, et qu'il faut porter à l'actif du moyen âge proprement dit. De ce nombre sont les docteurs de l'Église, placés dans les intervalles des rinceaux, et la Crucifixion, scène si rarement représentée dans les sanctuaires des douze premiers siècles.

Notons encore les analogies entre l'ornementation du velarium de Saint-Clément et celle des velaria de Sainte-Marie du Transtévère et de Sainte-Marie-Nouvelle (Santa Francesca Romana) : agneaux debout (ce motif se trouve également dans la mosaïque du portique de Saint-Venance), main tenant la couronne, etc. Les oiseaux placés dans des cages, à l'extrémité gauche inférieure de la mosaïque, méritent aussi une mention spéciale : les mosaïstes de Saint-Clément s'y sont rencontrés avec ceux des deux basiliques que nous venons de citer.

Admettra-t-on, après ce qui vient d'être dit, que les auteurs de la mosaïque de Saint-Clément, ces artistes qui ont fait preuve d'une si grande ignorance dans la décoration de l'arc de la tribune, se soient ingéniés, dans la décoration de la concha, à rechercher partout, dans le portique de Saint-Venance, à Saint-Jean-de-Latran, à Sainte-Constance, sur les sarcophages, etc., etc., les symboles les plus caractéristiques, les motifs les plus pittoresques de la primitive école chrétienne? ou bien ne préférera-t-on pas tout simplement considérer leur travail comme la reproduction, légèrement modifiée, d'un original existant au même endroit, dans la basilique inférieure? Telle est la question que nous soumettons au lecteur, pleins de confiance dans le résultat de ses méditations.

VII

Les quatre compositions que nous venons d'examiner se rattachent toutes à des édifices appartenant à la première période de l'art chrétien : de là cette prédominance d'éléments antiques, qui est bien faite pour surprendre dans des ouvrages attribués si longtemps, pour l'invention aussi bien que pour l'exécution, au xiie et au xiiie siècle. Si la ville de Rome avait été à cette époque le centre d'un véritable mouvement de renaissance, si ses vaillants « marmorarii », les Ranuccio, les Paolo, les Vassalctus, les Cosmati, suivis en cela par Jacques Torriti, s'étaient proposé l'imitation rigoureuse de l'antique, il serait tout naturel que nous retrouvassions les mêmes tendances dans celles des compositions que nous savons d'une manière pertinente avoir pris naissance pendant le xiie et le xiiie siècle. Or, nous avons beau analyser les mosaïques de Sainte-Marie *in Trastevere* et de Sainte-Françoise-Romaine, appartenant toutes deux au pontificat d'Innocent II (1130-1143), celle de Saint-Paul hors les murs, exécutée sous Honorius III (1216-1227), les fresques de Calixte II (1119-1124) dans l'ancien palais du Latran [1], les peintures ou mosaïques contemporaines ornant les autres sanctuaires ou palais de Rome, nulle part nous ne trouvons la moindre réminiscence de cette antiquité qui comptait cependant, à ce moment encore, tant de chefs-d'œuvre sur les bords du Tibre.

En résumé, le mouvement de renaissance que l'on a cru découvrir à Rome pendant le moyen âge s'est borné, pour la peinture en mosaïque, à la restauration de quelques compositions dans les données fournies par les fragments encore existants; tout au plus les mosaïstes ont-ils poussé l'ambition jusqu'à copier un monument qui allait disparaître et dont il importait de conserver le souvenir à la piété des fidèles. La puissance créatrice, la force d'évocation leur ont fait défaut; ils n'ont pas su, comme leurs successeurs du xve et du xvie siècle, développer et interpréter les idées du monde antique, les faire revivre, créer à nouveau. Mais il n'en faut pas moins constater l'esprit critique dont ils ont fait preuve en copiant,

---

1. Voy. de Rossi, *Esame storico ed archeologico dell' imagine di Urbano II Papa e delle altre antiche pitture nell' oratorio di S. Nicolo entro il paluzzo Lateranense.* Rome, 1881.

avec une fidélité relative, des chefs-d'œuvre exécutés dans un style si différent du leur.

D'un autre côté, si le XIIe et le XIIIe siècle voient diminuer leur part dans la création des grandes pages du Latran, du Vatican, de Sainte-Marie-Majeure, de Saint-Clément, le résultat de nos investigations n'aura pas cependant été de tout point négatif : il y avait quelque intérêt, nous le croyons, à retrouver, sous des ouvrages attribués au moyen âge, des idées et des formes appartenant à la plus belle époque de l'art chrétien, au IVe et au Ve siècle, et à augmenter le catalogue, encore trop incomplet, des splendides créations de l'Eglise au sortir de l'ère des persécutions.

EUG. MÜNTZ.

MOSAÏQUE DE L'ANCIENNE TRIBUNE DE SAINT PIERRE
Fac-Simile d'une Estampe de P. S. Bartoli

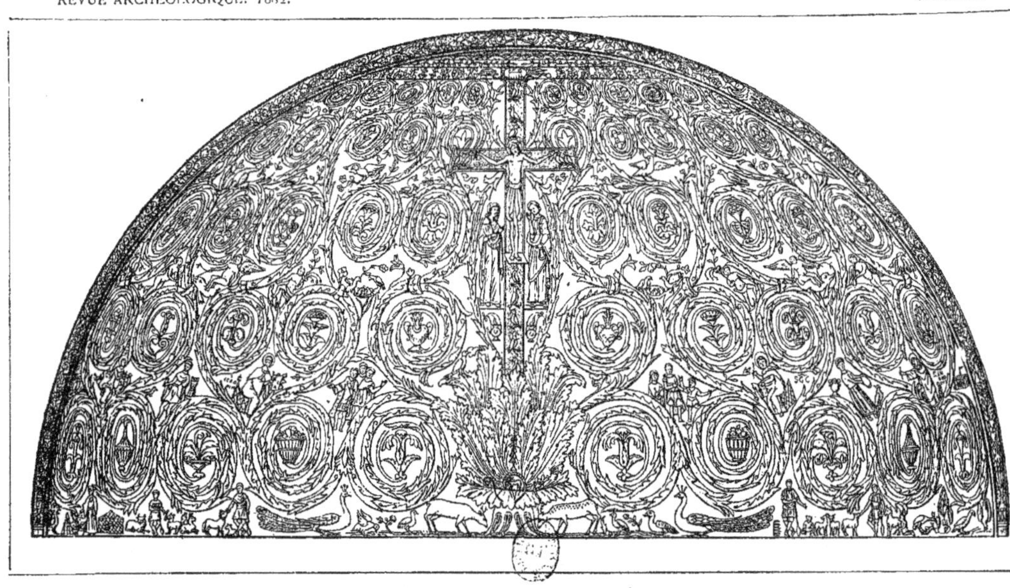

MOSAIQUE DE L'ABSIDE DE SAINT-CLÉMENT.

MOSAIQUE ABSIDALE DE SAINT-JEAN-DE-LATRAN.

MOSAIQUE ABSIDALE DE SAINTE-MARIE-MAJEURE.

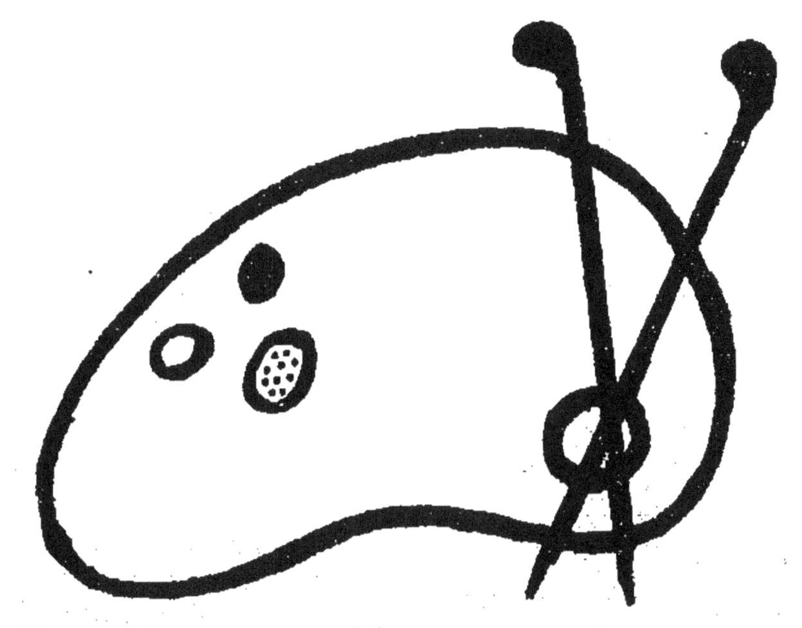

Original en couleur

NF Z 43-120-8

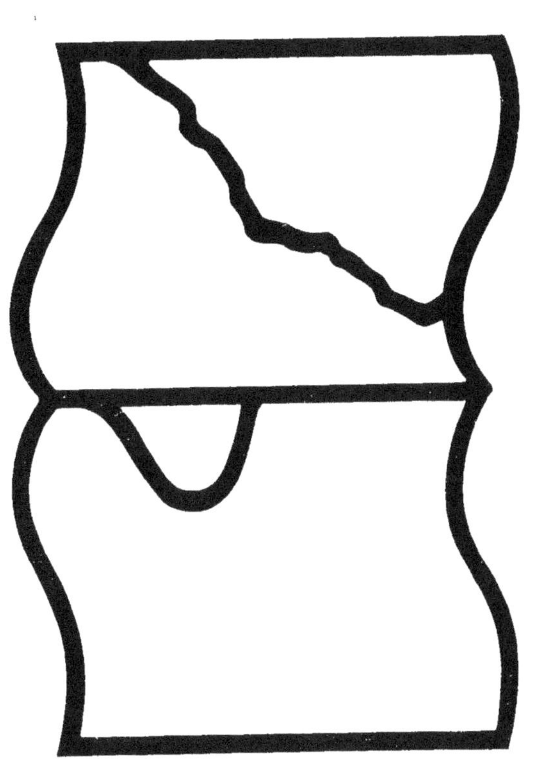

Texte détérioré — reliure défectueuse

NF Z 43-120-11

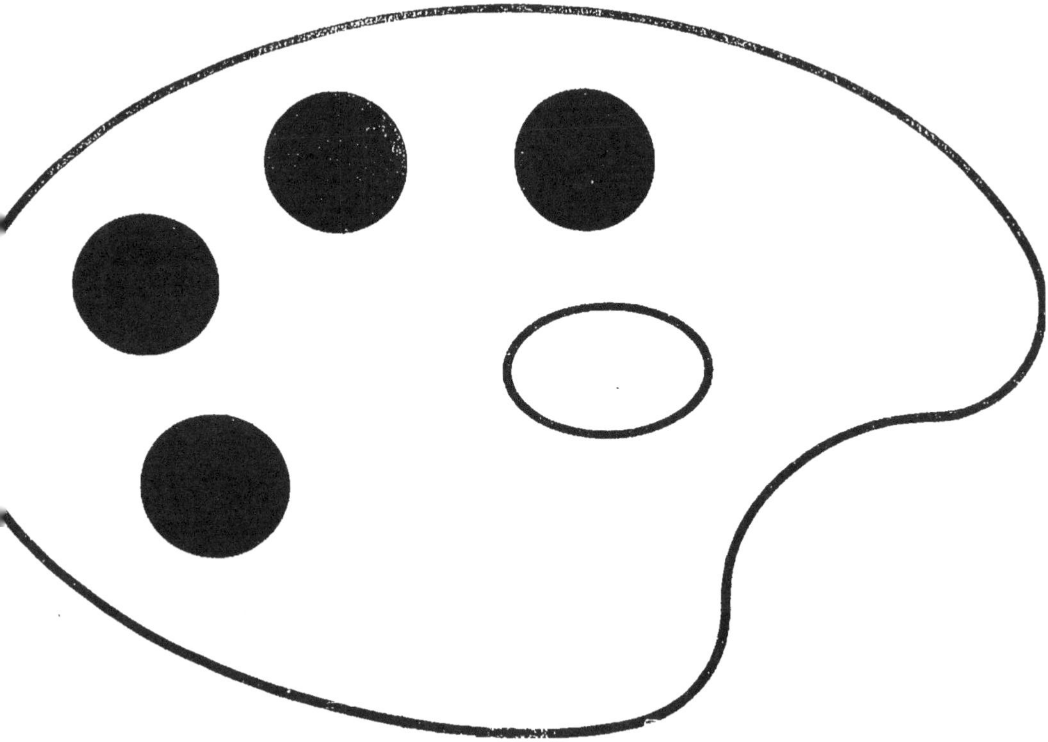

Original en couleur

NF Z 43-120-8

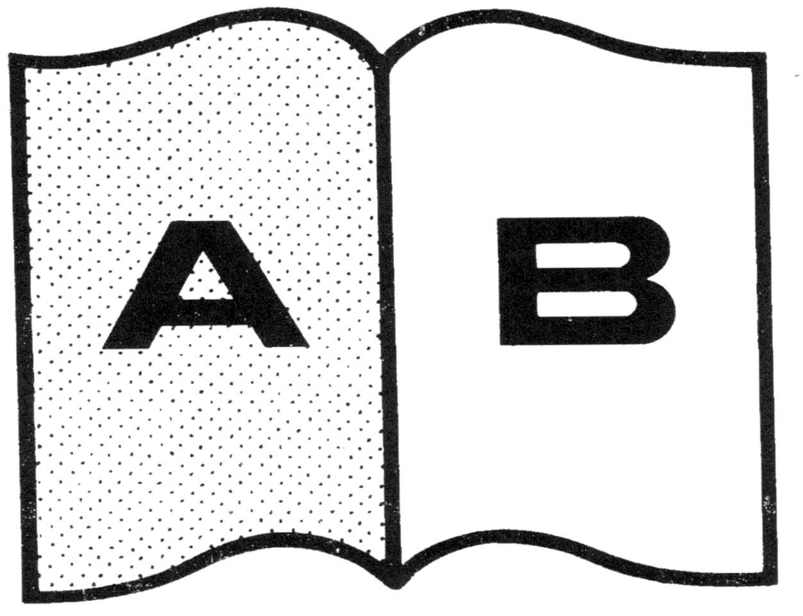

Contraste insuffisant

NF Z 43-120-14

MÉMOIRES

PUBLIÉS PAR LES MEMBRES

DE LA

MISSION ARCHÉOLOGIQUE FRANÇAISE DU CAIRE

TOME III

Deuxième Fascicule.

LES HYPOGÉES ROYAUX DE THÈBES, par M. E. Lefébure

TROISIÈME DIVISION

TOMBEAU DE RAMSÈS IV

ANGERS, IMPRIMERIE A. BURDIN ET Cie, 4, RUE GARNIER

MINISTÈRE DE L'INSTRUCTION PUBLIQUE ET DES BEAUX-ARTS

MÉMOIRES

PUBLIÉS

PAR LES MEMBRES

DE LA

MISSION ARCHÉOLOGIQUE FRANÇAISE

AU CAIRE

SOUS LA DIRECTION DE M. MASPERO, MEMBRE DE L'INSTITUT.

TOME TROISIÈME

2ᵉ Fascicule

LES HYPOGÉES ROYAUX DE THÈBES

Par M. E. LEFÉBURE.

Troisième division

TOMBEAU DE RAMSÈS IV.

PARIS

ERNEST LEROUX, ÉDITEUR

LIBRAIRE DE LA SOCIÉTÉ ASIATIQUE

DE L'ÉCOLE DES LANGUES ORIENTALES VIVANTES, DE L'ÉCOLE DU LOUVRE, ETC.

28, RUE BONAPARTE, 28

1889

NOTICE

DU

TOMBEAU DE RAMSÈS IV

Le tombeau de Ramsès IV, ou n° 2 de Wilkinson, offre le plus bel exemplaire qu'il y ait d'un hypogée royal creusé selon le petit modèle. C'est aussi le seul dont on possède l'ancien plan, tracé sur papyrus à l'époque sans doute où le monument lui-même fut exécuté. Ce papyrus a été publié et étudié en 1867 par le Dr Lepsius, dans les *Mémoires de l'Académie de Berlin* (*Grundplan des Grabes Kœnigs Ramses IV, in einem Turiner Papyrus*), ensuite par M. Chabas, dans ses *Troisièmes Mélanges* (t. II, *Sur un plan égyptien*, p. 175-202). Depuis, M. Lepsius a examiné de nouveau les mesures du tombeau (*Zeitschrift für Aegyptische Sprache*, 1884, *Ueber die Masse im Felsengrabe Ramses IV*, p. 1-5), d'après l'ancien plan, et d'après ceux de la Commission d'Égypte (*Antiquités*, Planches, t. II, pl. LXXIX, 7-12), et de Mariette (*Monuments divers*, pl. XXXVII). C'est le plan relevé par Mariette qu'on trouvera plus loin.

Champollion a décrit le tombeau de Ramsès IV dans ses *Notices* (I, p. 473-6 et 813-20). Il a donné, ainsi que Rosellini et M. Brugsch, la partie gauche du grand plafond, dans ses *Monuments*, et M. Naville a copié les textes de la Litanie du Soleil qui occupent les parois des deux premiers corridors, et les chapitres du Livre des Morts qui se trouvent dans la première salle (*Todtenbuch, Einleitung*, p. 111). Le reste du tombeau n'a pas encore été publié, sauf quelques détails, par exemple deux portraits qui sont dans Rosellini (t. I, pl. LXXXII, 32 et pl. X, 38).

Les textes et la moitié de plafond déjà publiés n'ont pas été reproduits ici, sauf les petits chapitres CXXIII et CXXVII du Livre des Morts, qui sont au *Todtenbuch* de M. Naville. L'exemplaire du ch. CXXV gravé dans la petite salle est seulement analysé dans ce dernier recueil.

Voici la description du tombeau, avec les numéros des planches et l'indication des références :

PORTE.

Bandeau. — Entre le ciel bleu et la montagne rouge, le disque jaune à scarabée et criocéphale allant vers la droite, entre les deux cartouches et les deux déesses. — Jambages extérieurs : des deux côtés, légende du roi. Milieu : id. — Plafond : étoiles (1. — cf. *Description de l'Égypte, Antiquités*, pl. II, 79).

PREMIER CORRIDOR.

Espace nu de chaque côté de la porte.

Paroi Gauche. — 1 colonne de souhaits. Le roi et Harkhuti sous le disque ailé et sur un naos (*Denkmaeler*, III, 222, g; cf. ROSELLINI, *Monum.*, I, pl. XVIII, n° 13); 2 l. d'un texte appartenant à la 2ᵉ heure de l'Amtuat. Le disque à scarabée et criocéphale entre les deux têtes de taureau (le serpent et le crocodile effacés). Litanie du Soleil (3. — NAVILLE, *Litanie*, pl. XXXIV-XXXVII, l. 1-45).

Paroi Droite. — 1 col. de souhaits. Litanie (3. — NAVILLE, *Litanie*, pl. XXXVIII-XL, l. 59-99, et pl. XLVIII-XLIX, l. 1-31).

1ᵉʳ *Plafond*. — Étoiles. — 2ᵉ *Plafond*. Des deux côtés, légende détaillée; au milieu, vautours, éperviers, vautours et scarabées alternant avec les cartouches (2).

DEUXIÈME CORRIDOR.

Porte. — Bandeau : le disque ailé. — Jambˢ. intérieurs : légende détaillée. Milieu : légende. — Plafond : vautour à flabellum (4).

Paroi G. — Quelques colonnes de la Litanie, puis, en frise, légende détaillée du roi. Sous la frise : 1ᵉʳ Reg. Personnages de la Litanie; 2ᵉ Reg. Litanie (5. — NAVILLE, *Litanie*, pl. XXXVII, l. 46-52 et pl. XLI-XLIV, l. 1-72).

Paroi D. — Même disposition (6. — NAVILLE, *Litanie*, pl. XXXVII-XXXVIII, l. 53-58; pl. XLIV, l. 73-84; et pl. XLV-XLVII, l. 1-58). — Plafond : disque rouge à épervier criocéphale tourné vers la droite entre Isis à gauche et Nephthys à droite, en éperviers, et fin des personnages de la Litanie (7).

TROISIÈME CORRIDOR.

Porte. — Bandeau : le disque ailé. — Jambˢ. Ex. et M. comme au 2ᵉ corridor. (8).

Paroi G. — Grand tableau initial du Livre des Cavernes et commencement du texte initial de ce Livre (9).

Paroi D. — Espace quadrillé et non rempli. Autre grand tableau initial du Livre des Cavernes et suite du texte initial de ce Livre (10).

1ᵉʳ *Plafond* (plat). — Étoiles. — 2ᵉ *Plafond* (voûté). Au milieu, légende détaillée; autour, étoiles (11).

PREMIÈRE SALLE.

Porte. — 1ᵉʳ bandeau (en demi-cercle) : les deux cartouches surmontés chacun d'un disque rouge, et obombrés par les ailes d'Isis à G. et de Nephthys à D. en éperviers. — 2ᵉ bandeau : le disque ailé. — Jambˢ. Ex. Légende détaillée. M. Légende. — Plafond : vautour (12).

Paroi d'E. G. Paroi G. et *Paroi du F. G.* — Chap. CXXIII, CXXIV et CXXVII du Livre des Morts, et commencement du ch. cxxv (13. — Cf. Naville, *Todtenbuch*, II, 335, 270-274; I, 141; et II, 337 et 275-282).

Paroi d'E. D. Paroi D. et paroi du F. à D. — Suite du ch. cxxv (14. — Cf. Naville, *Todtenbuch*, II, 282-314).

Plafond. — Cartouches du roi en trois bandes sur un fond bleu à étoiles (15).

Deuxième salle.

Porte. — Bandeau extérieur : le disque ailé. — Jamb'. Ex. Légende détaillée. M. Légende. — Plafond. Le vautour (16).

Parois. — En frise : ligne horizontale composée de deux textes de l'Amtuat, appartenant, celui de gauche au résumé de la 6ᵉ heure, et celui de droite au résumé de la 9ᵉ heure.

Paroi d'E. G. Paroi G. et paroi du F. à G. — Porte du serpent Saa-set et 1ʳᵉ division du Livre de l'Enfer; porte du serpent Kabi et 2ᵉ division du Livre de l'Enfer (17, 18, 19, 20 et 21).

Paroi d'E. D. Paroi D. et paroi du F. à D. — Porte du serpent Djetbi; 3ᵉ division du Livre de l'Enfer, et battant du serpent Tekher (22, 23, 24, 25 et 26. — Cf. *Denkmaeler*, III, 222, h.).

Plafond. — Deux parties séparées par deux déesses du ciel allongées et adossées : partie G. Liste des décans et des triples dates concernant chacun d'eux (Champollion, *Monum.*, III, 275-6; Rosellini, *Monum.*, III, 67; et Brugsch, *Thesaurus inscriptionum ægyptiacarum*, I, 173-4); partie D. Les trois premières heures du Livre de la Nuit (27).

(Les textes de cette salle sont fort incorrects.)

Sarcophage.

Couvercle. — Le roi sculpté en relief et embrassé à sa droite par Isis et à sa gauche par Nephthys, devant chacune desquelles se dresse un serpent à tête humaine. Aux pieds, déesse tournée vers la droite et élevant ses bras auxquels pend le signe de la vie (32).

Cuve. — Frise : à partir de la tête, discours du roi. — Tête et côtés : 1ᵉʳ Reg. chacals et ornements Khakeru. 2ᵉ Reg. Texte relatif aux scènes. 3ᵉ Reg. Deux personnages à genoux devant deux emblèmes de l'ombre; Isis et Nephthys s'arrachant les cheveux; quatre personnages à tête bestiale affrontés deux par deux, et tenant une corde qui amène un disque à un personnage courbé pour le recevoir; un criocéphale devant un disque et deux personnages élevant les bras devant les hiéroglyphes du cou et de la tête de Ra (28, 29 et 30). — Aux pieds : deux longs bras, dressés autour d'une momie tournée vers la droite, élèvent deux petits personnages versant des jets, émanés de disques qu'ils tiennent, sur deux autres disques soutenus par la tête de deux grandes momies debout (31).

Quatrième corridor.

Porte. — Bandeau : cartouches en frise; cartouches, avec enseigne, qu'obombrent deux éperviers perchés sur le signe de l'or. — Jᵉ. Ex. et M. Légende (33).

Parois. — Des deux côtés : texte initial du Livre des Cavernes; dessous, niches contenant des offrandes peintes au dessus de dieux en naos; en bas, légende (36, 37, 38 et 39).

Plafond. — Légende du roi et étoiles (34).

Première chambre (à G). — Dix-sept momies du roi, peintes (35).

Deuxième chambre (à D.). — Vingt-trois momies du roi, peintes (35).

On a trouvé des momies dans ces deux petites chambres, d'après Wilkinson (*Topography of Thebes*, 117).

Cinquième corridor.

Porte. — Bandeau : la barque du criocéphale sur le sphinx à deux têtes, adorée à la proue et à la poupe par deux hiéracocéphales; des deux côtés, cartouches, et deux lignes du texte initial du Livre des Cavernes. — Jamb°. Ex. et M. Cartouches (40).

Paroi G. — Sur un lit à tête de lion, deux coffrets et un pliant; dessous, les quatre vases canopes.

Paroi D. — Id.

Paroi du F. — Au milieu, les cartouches, et de chaque côté, une déesse qui verse de l'eau avec ses mains (41).

Il y a au Louvre une statuette funéraire de Ramsès IV[1]; une autre statuette du même Pharaon, trouvée dans un vase à Abydos[2] (Chounet ez-Zébib), a été publiée par Mariette[3].

Le tombeau de Ramsès IV sert habituellement de station aux voyageurs qui visitent la vallée des Rois. Les dimensions de ses corridors et de ses salles le rendent même habitable, et il a dû être occupé jadis par des Coptes, qui y ont laissé un certain nombre de *graffiti* (cf. Lepsius, *Denkmaeler*, VI, pl. CII, 1-5). C'est là que Champollion s'était établi lorsqu'il étudia la Vallée des Rois, et il a décrit son installation de la manière suivante, dans sa 12ᵉ *Lettre écrite d'Égypte :*

« Nous occupons le meilleur logement et le plus magnifique qu'il soit possible de trouver en Égypte. C'est le roi Rhamsès, le quatrième de la XIXᵉ (lisez XXᵉ) dynastie, qui nous donne l'hospitalité, car nous habitons tous son magnifique tombeau, le second que l'on rencontre à droite en entrant dans la vallée de Biban el-Molouk. Cet hypogée, d'une admirable conservation, reçoit assez d'air et assez de lumière pour que nous y soyons logés à merveille; nous occupons les trois premières salles, qui forment une longueur de soixante-cinq pas; les parois, de quinze à vingt pieds de hauteur, et les plafonds, sont tout couverts de sculptures peintes, dont les couleurs conservent presque tout leur éclat; c'est une véritable habitation de prince, à l'inconvénient près de l'enfilade des pièces; le sol est couvert en entier de nattes et de roseaux; enfin les deux *kaouas* (nos gardes du corps) et les domestiques couchent dans deux tentes dressées à l'entrée du tombeau. Tel est notre établissement dans la Vallée des Rois, véritable séjour de la mort, puisqu'on n'y trouve ni un brin d'herbe, ni êtres vivants, à l'exception des chacals et des hyènes. »

---

(1) E. de Rougé, *Notices sommaires*, 4ᵉ édition, 1863, p. 60.
(2) Mariette, *La galerie de l'Égypte ancienne*, 1878, p. 97.
(3) Mariette, *Abydos*, t. II, pl. LX, c.

TABLE DES MATIÈRES

AUTOGRAPHIÉ DU 7 MAI AU 31 AOUT 1886.

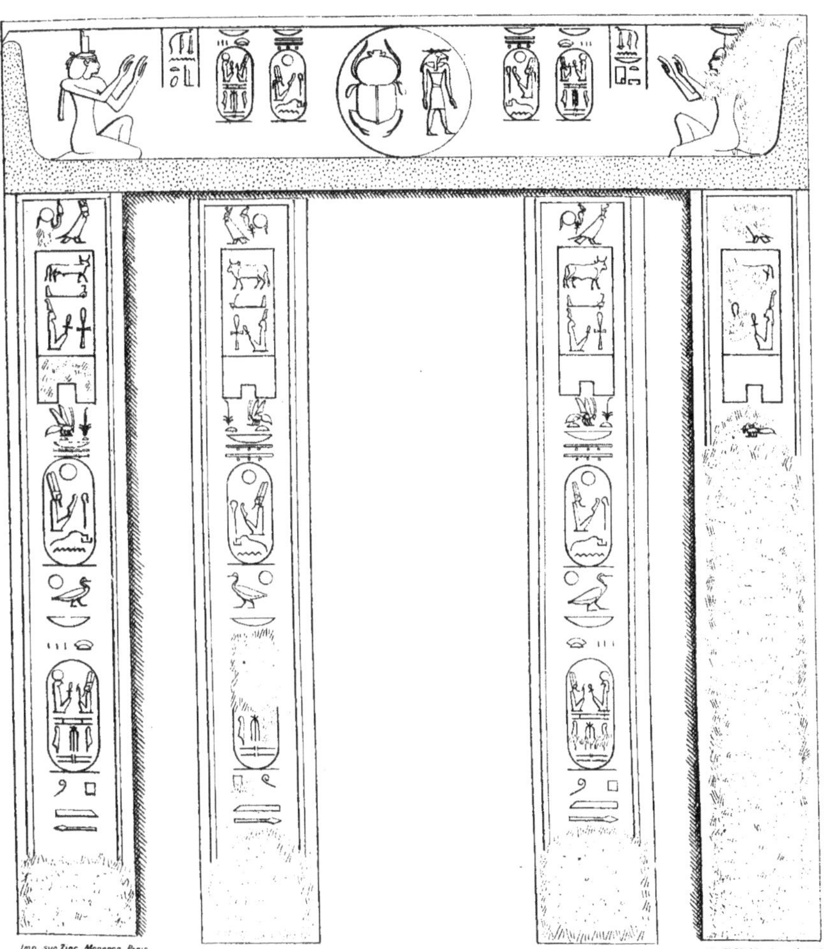

PORTE D'ENTRÉE.

BANDEAU EXTÉRIEUR.

JAMBAGES.— EXTÉRIEURS ET MILIEU.

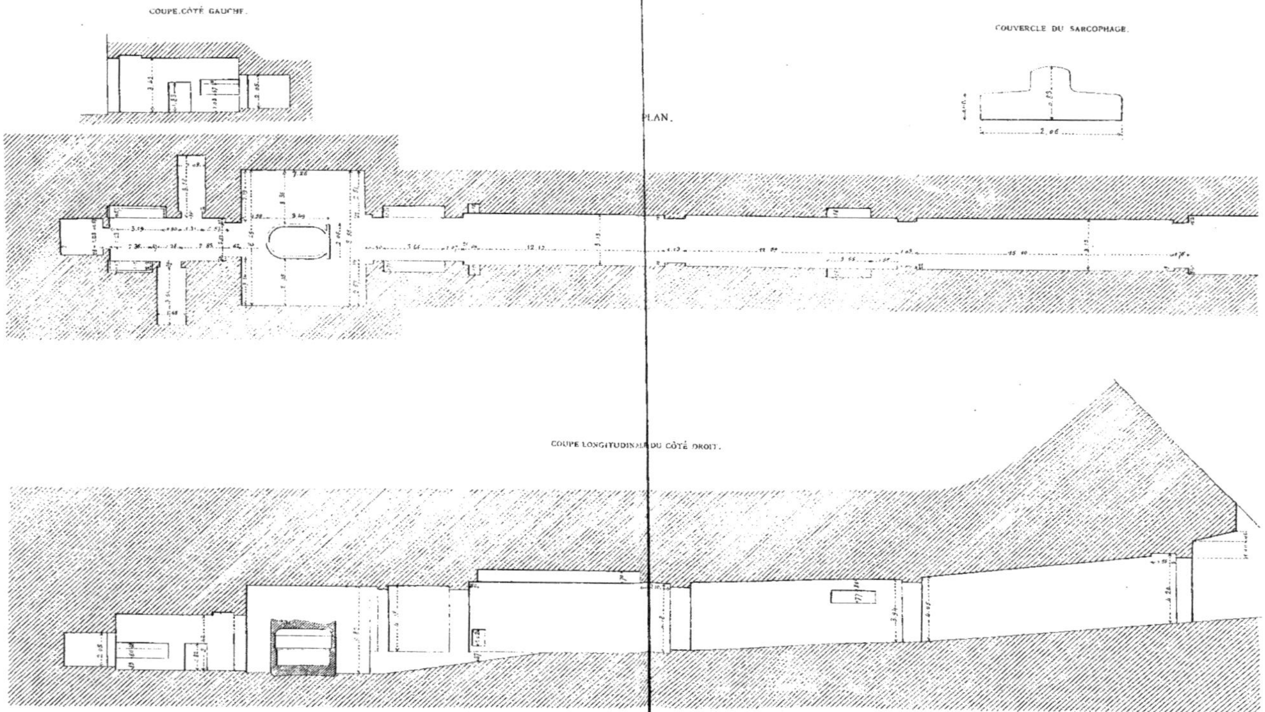

PL. I.
COUPE.CÔTÉ GAUCHE.
COUVERCLE DU SARCOPHAGE.
PLAN.
COUPE LONGITUDINALE DU CÔTÉ DROIT.
Échelle de 0,005 p. mèt.
PLAN ET COUPES DU TOMBEAU DE RAMSÈS IV.

PREMIER CORRIDOR. — PLAFOND.

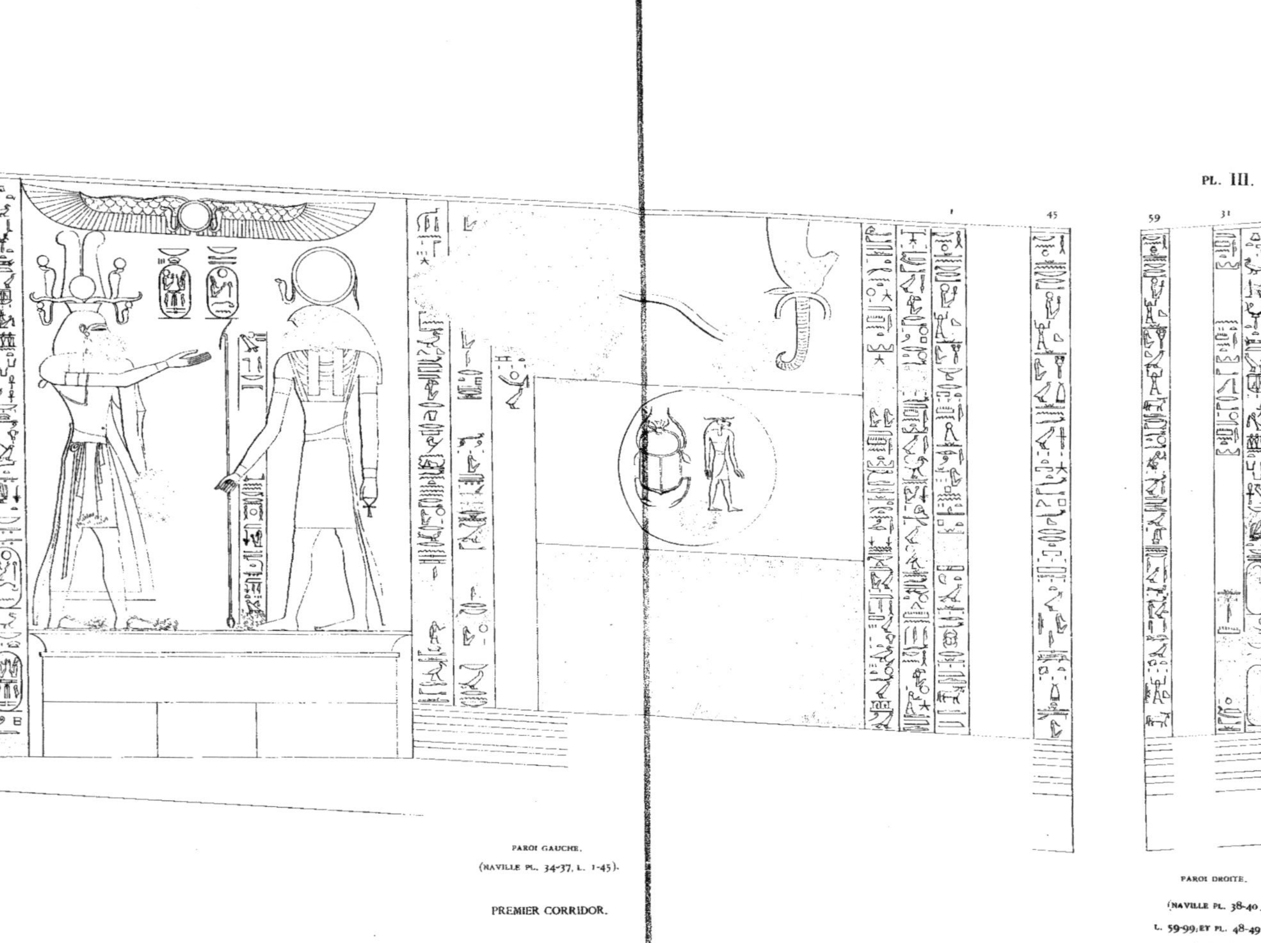
45
59
31
PAROI GAUCHE.
(NAVILLE PL. 34-37, L. 1-45).
PREMIER CORRIDOR.
PAROI DROITE.
(NAVILLE PL. 38-40,
L. 59-99; ET PL. 48-49,
L. 1-31).

SECOND CORRIDOR. — PORTE: PLAFOND.
SECOND
CORRIDOR. — PORTE.
JAMBAGES:
EXTÉRIEUR ET MILIEU.

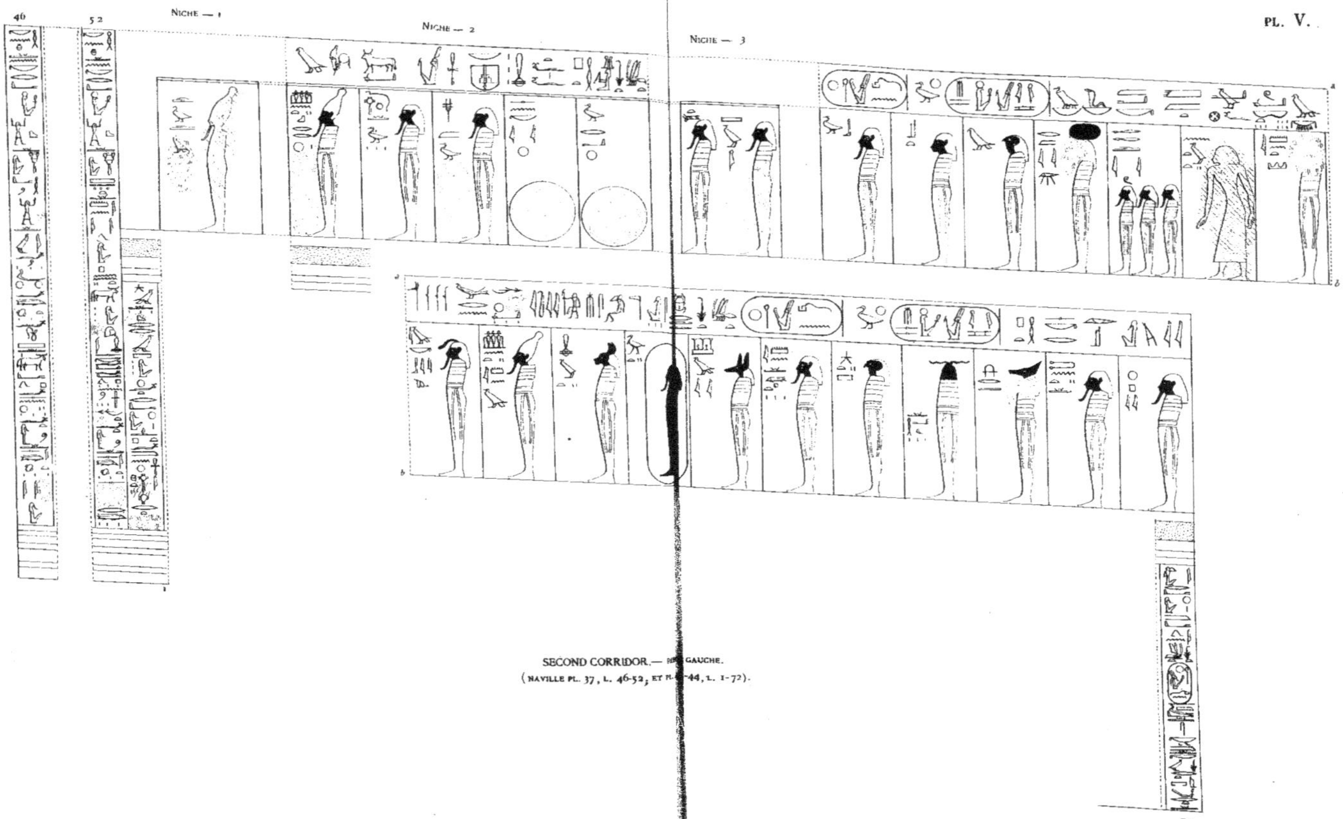

46   52   NICHE — 1   NICHE — 2   NICHE — 3

SECOND CORRIDOR. — PAROI GAUCHE.
(NAVILLE PL. 37, L. 46-52, ET PL. 44, L. 1-72).

Imp. sur Zinc. Monrocq, Paris

Ch. CHÉDIAC, del. & sculp.

72

NICHE — 3   NICHE — 2   NICHE — 1   53   PL. VI.
58

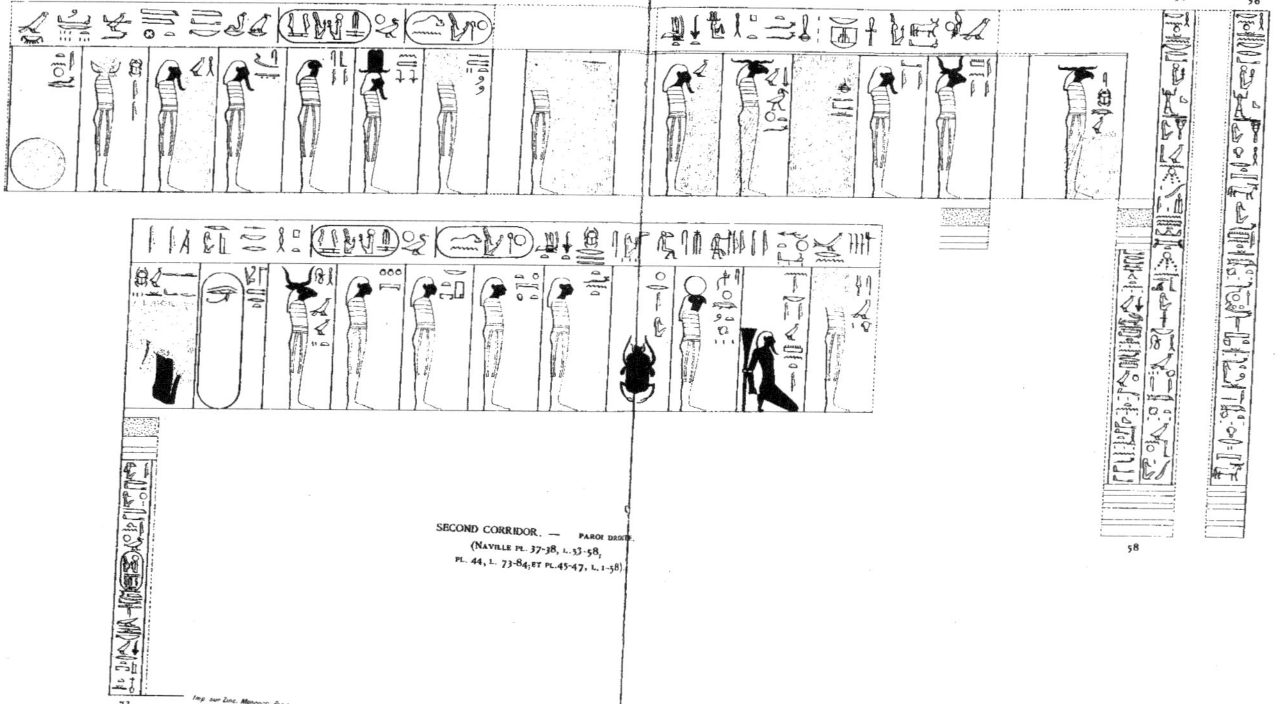

SECOND CORRIDOR. — PAROI DROITE.
(NAVILLE PL. 37-38, L. 33-58,
PL. 44, L. 73-84; ET PL. 45-47, L. 1-58).

58

73   Imp. sur Zinc. Monrocq. Paris

Ch. DHÉDIAC, del. à Aulog

PL. VII.

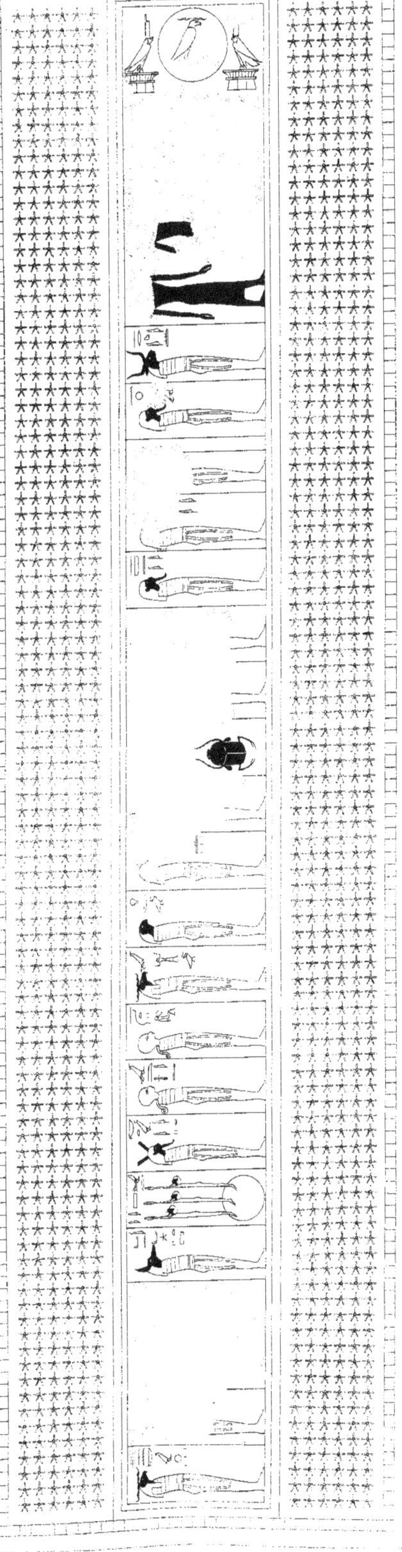

SECOND CORRIDOR. — PLAFOND.

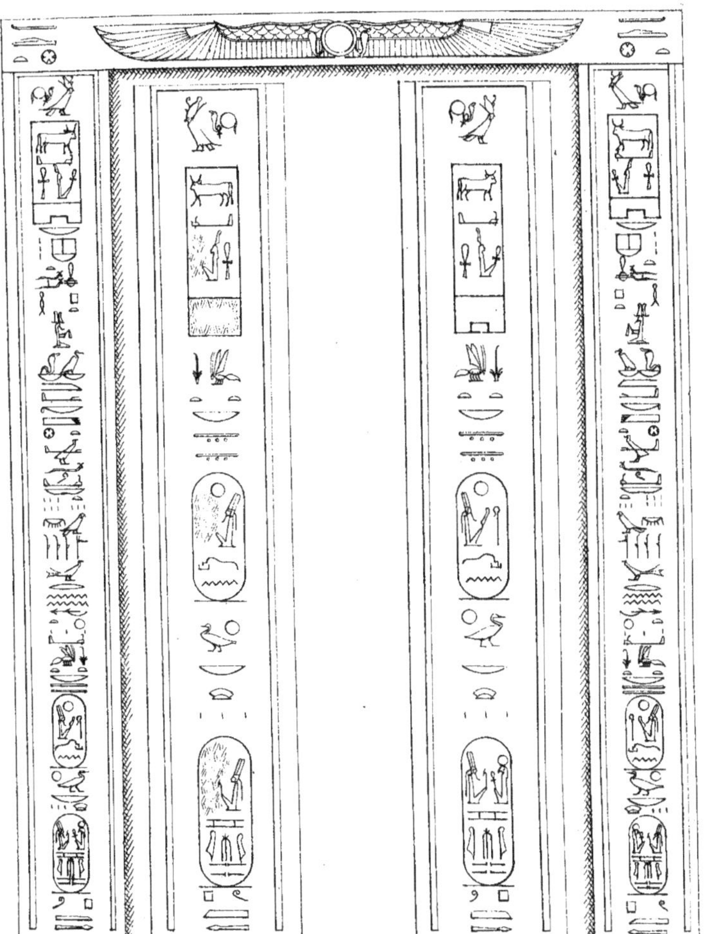

TROISIÈME CORRIDOR. — PORTE.

Ch. CHÉDIAC, del. & Autog.   BANDEAU. JAMBAGES: EXTÉRIEUR ET MILIEU.   Imp. sur Zinc. Monrocq. Paris.

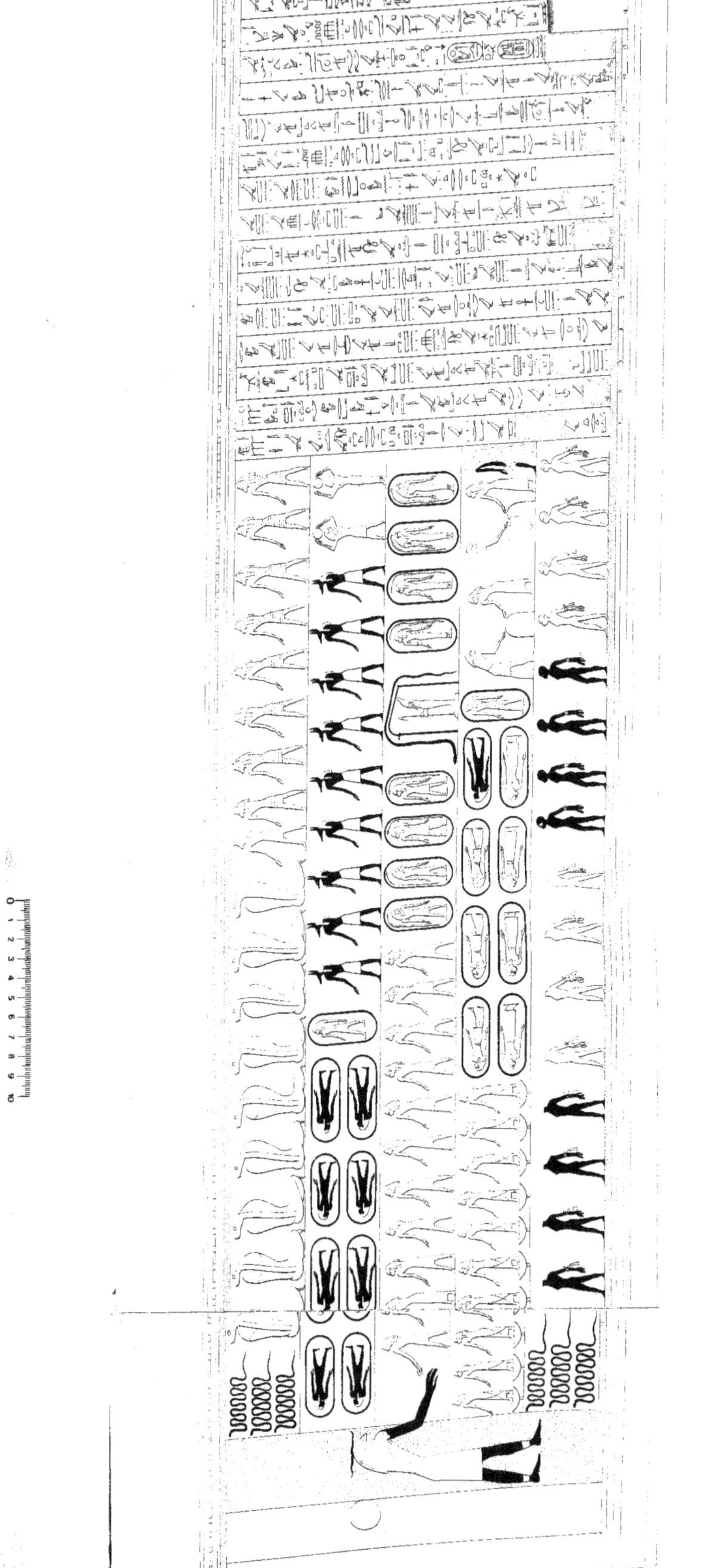

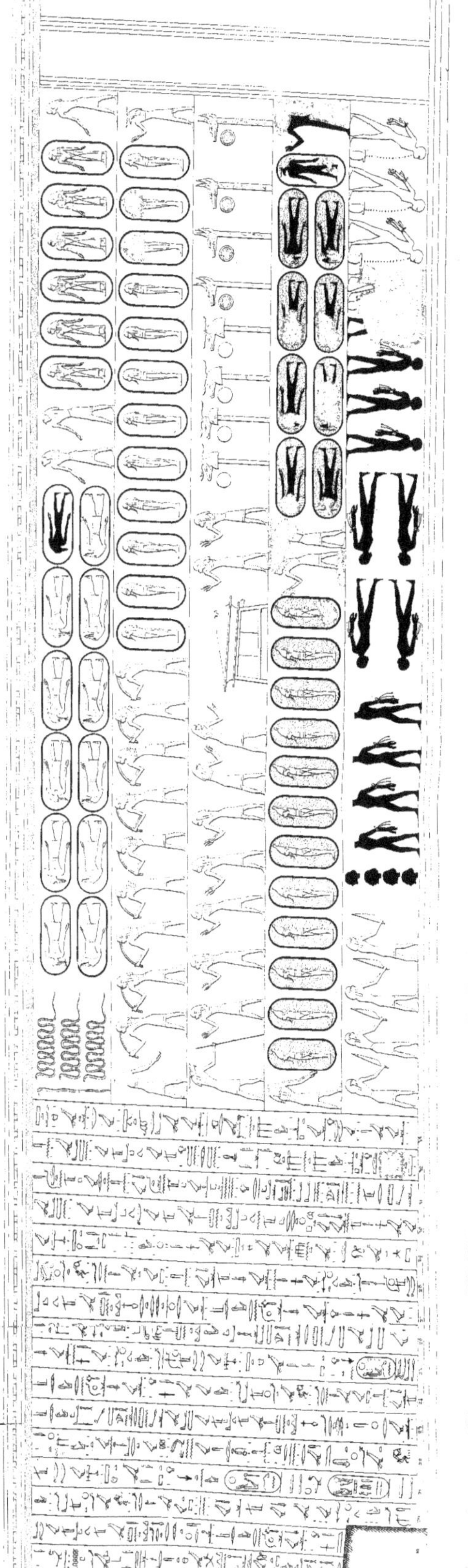

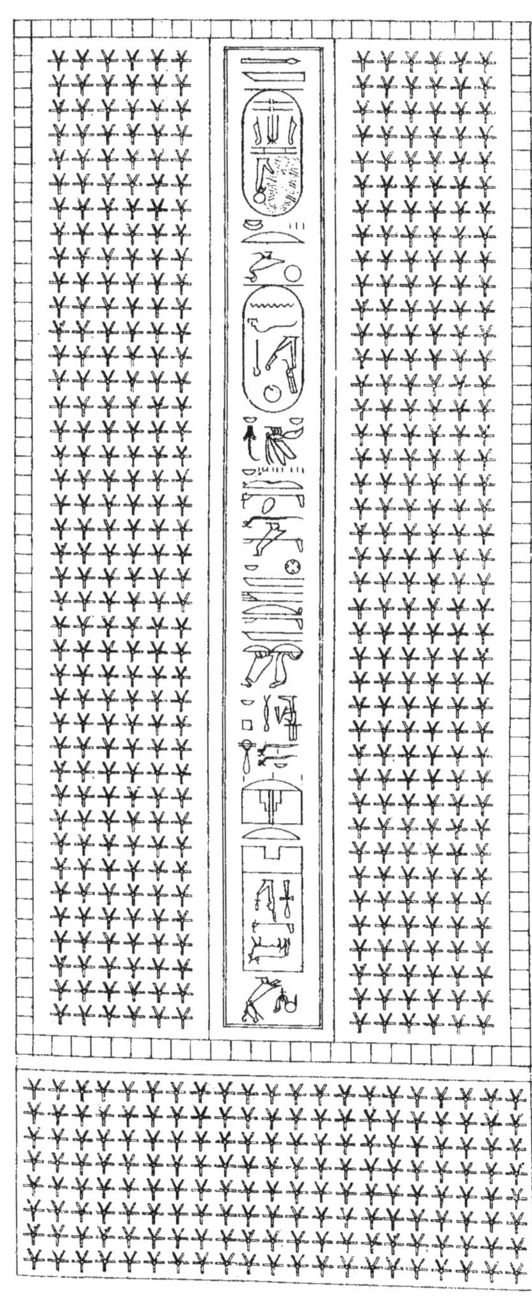

TROISIÈME CORRIDOR. — PLAFOND ET VOÛTE.

CH. CHÉDIAC, del & Autog.

Imp. sur Zinc. Monrocq, Paris

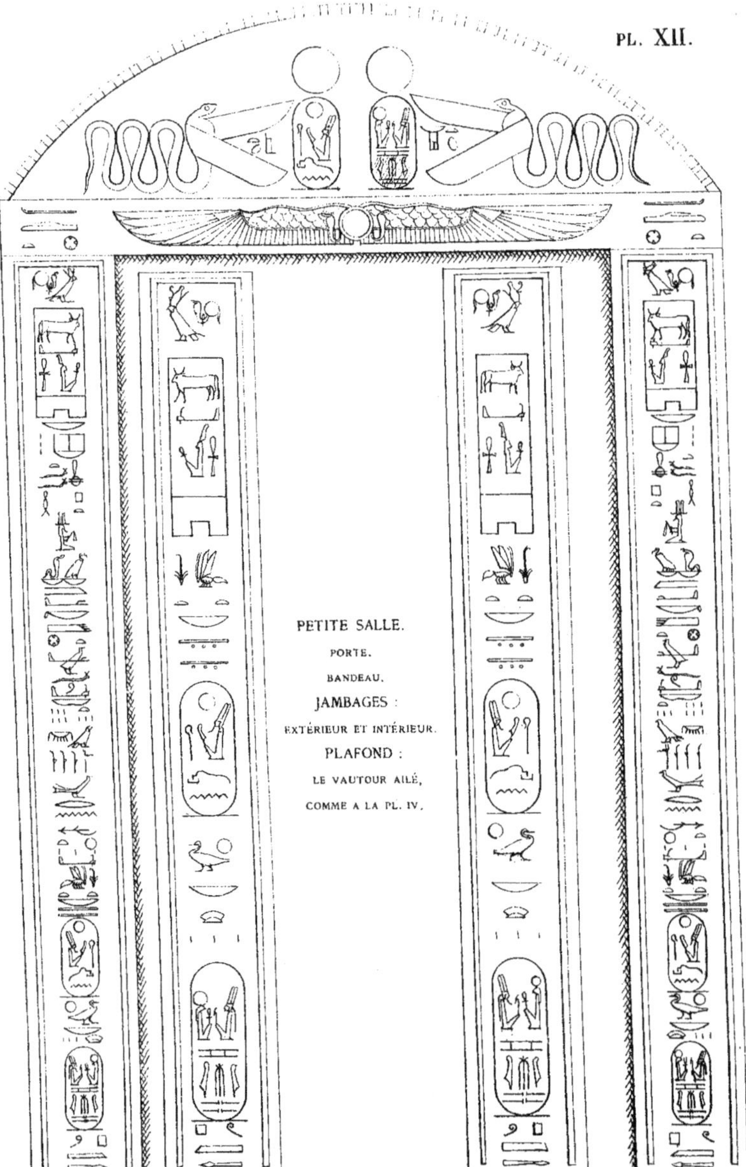

PETITE SALLE.
PORTE.
BANDEAU.
JAMBAGES :
EXTÉRIEUR ET INTÉRIEUR.
PLAFOND :
LE VAUTOUR AILÉ,
COMME A LA PL. IV.

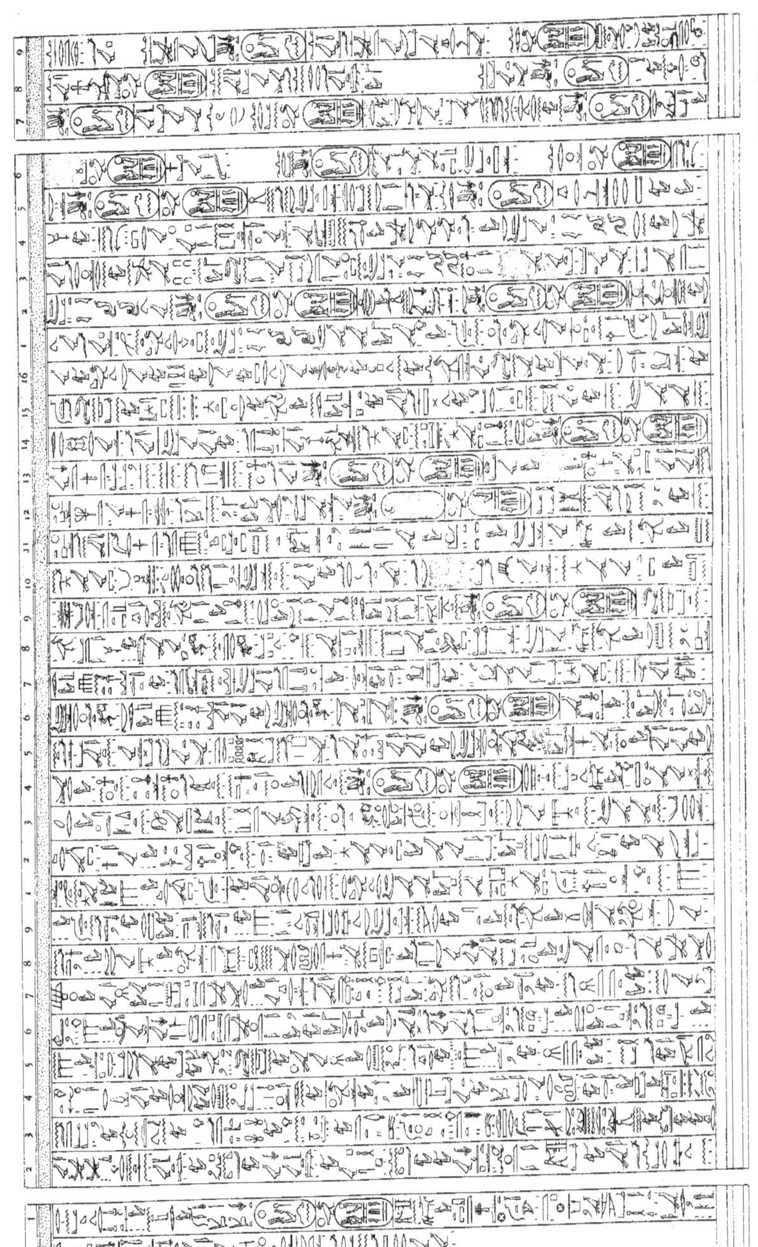

PETITE SALLE. — COTÉ GAUCHE.

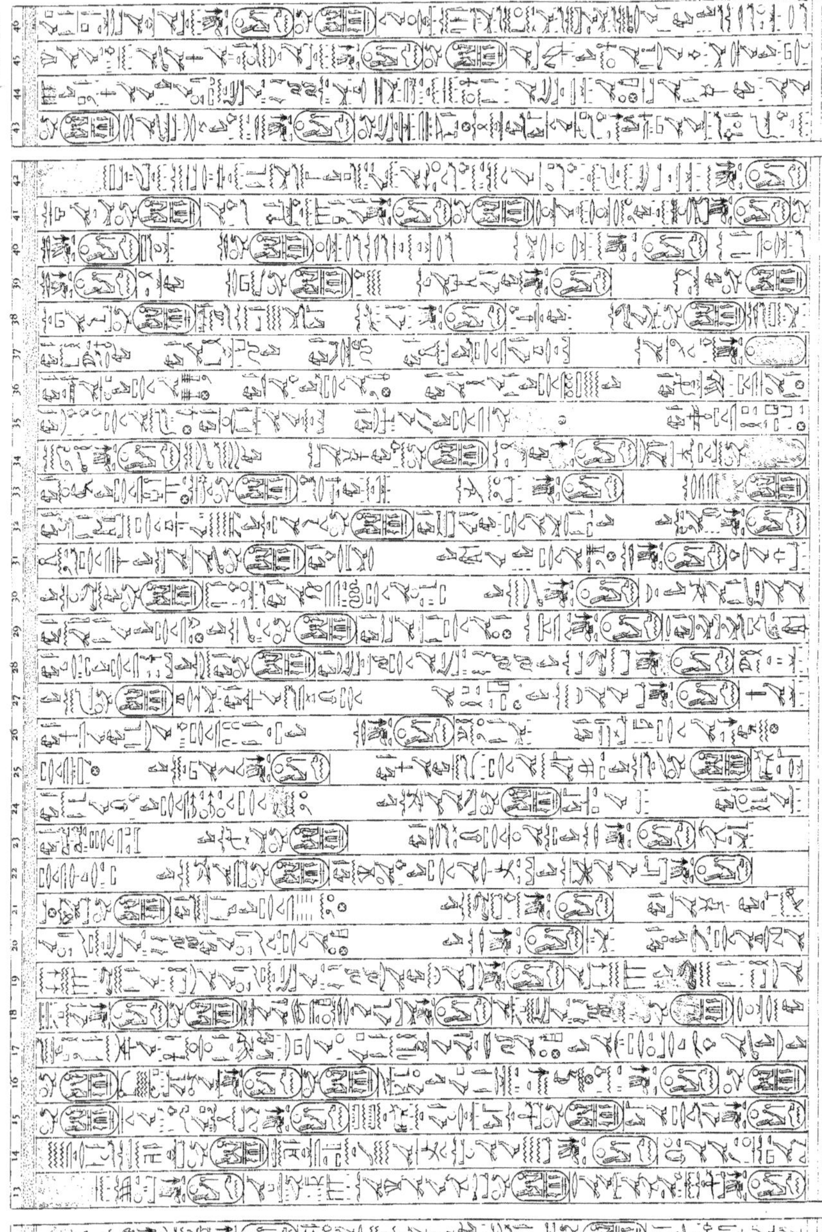

PETITE SALLE. — COTÉ DROIT.

Ch CHÉDIAC, del & Autog.

PETITE SALLE. — PLAFOND.

Imp. sur Zinc, Monrocq. Paris.

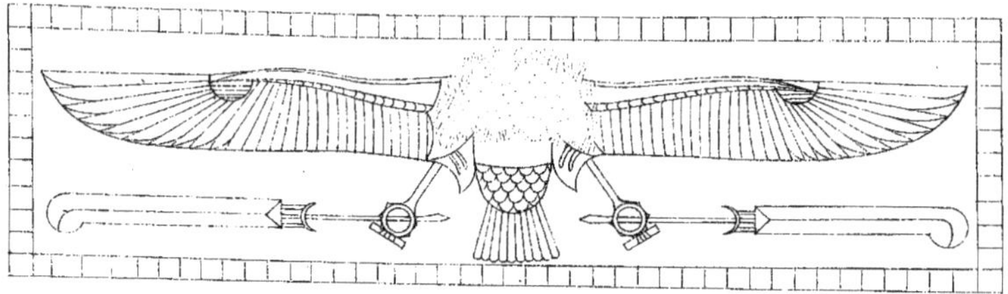

GRANDE SALLE — PORTE. — PLAFOND

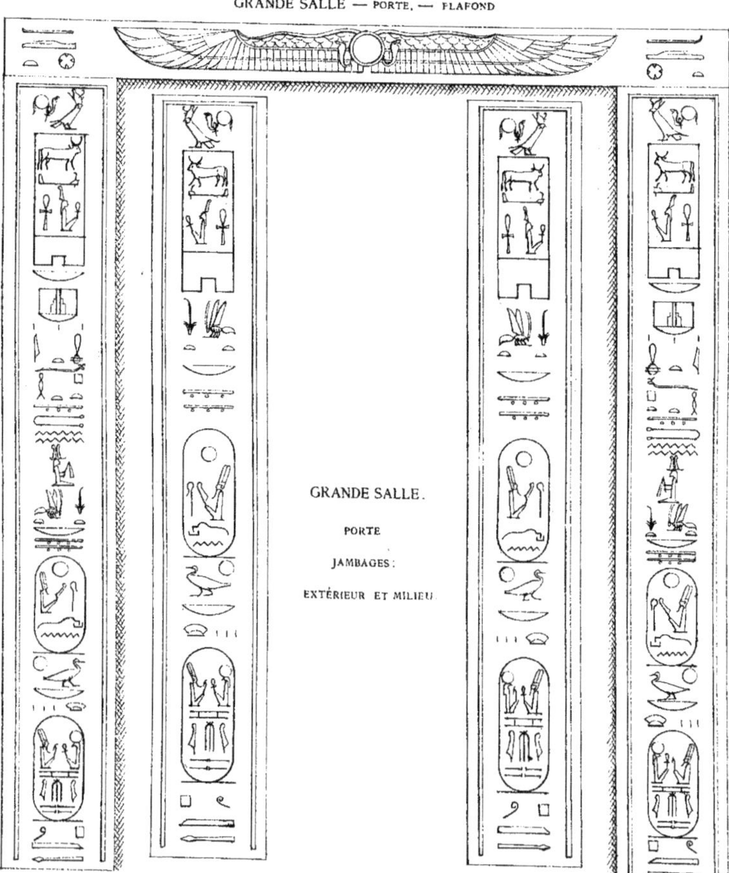

GRANDE SALLE. — PAROI D'ENTRÉE. — COTÉ GAUCHE.

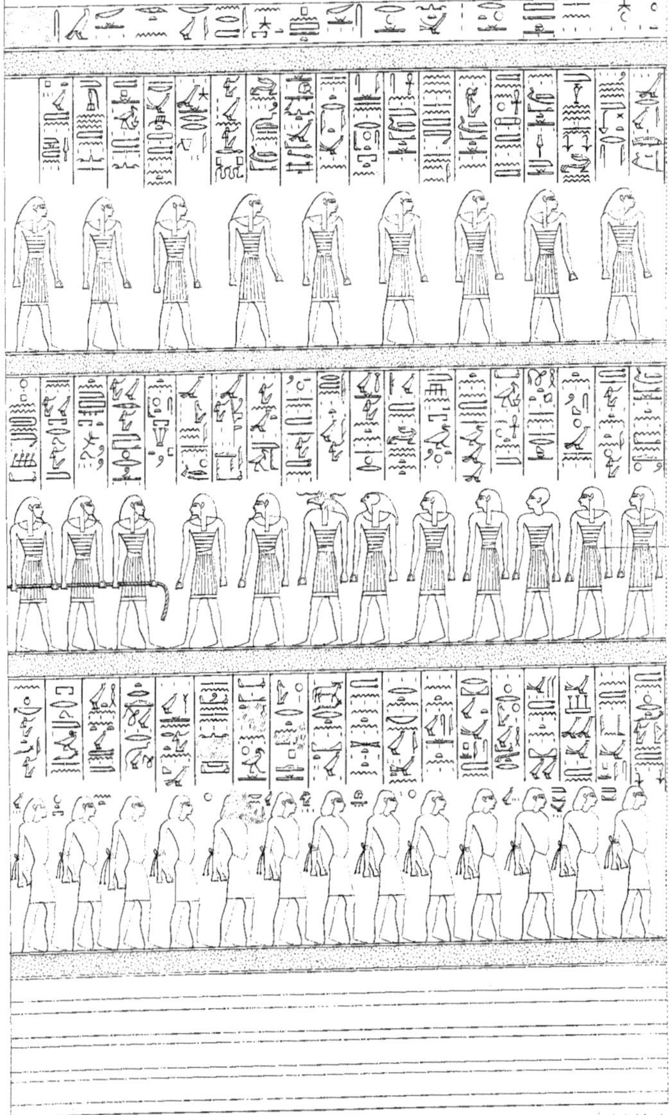

Imp. sur Zinc Monrocq, Paris

Ch. CHÉDIAC, del & Aulog

GRANDE SALLE. — PAROI GAUCHE.

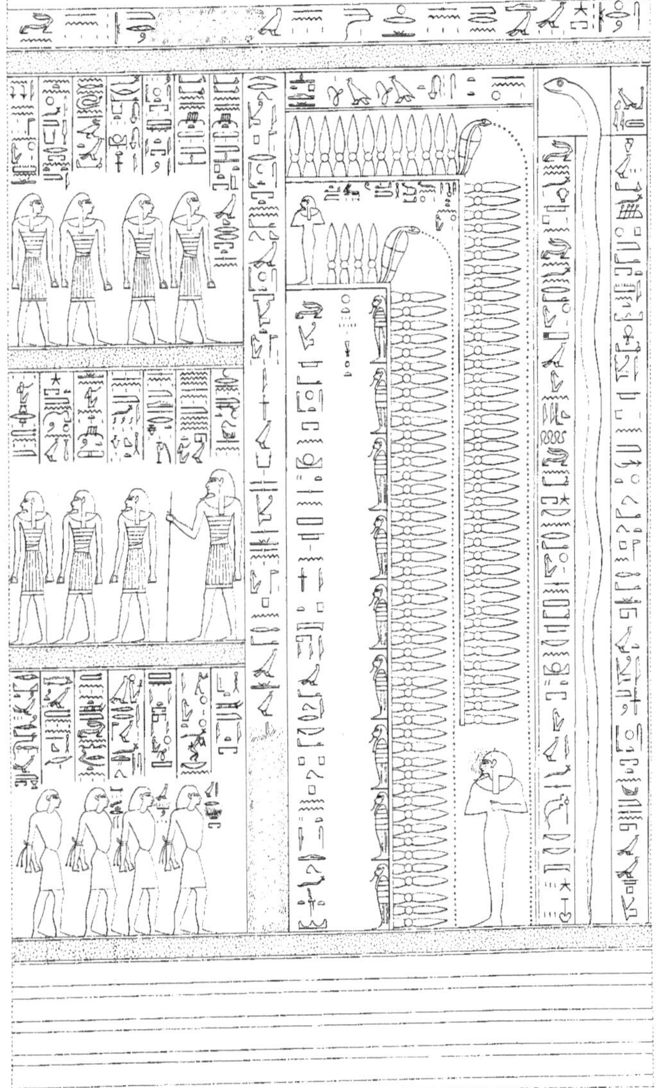

GRANDE SALLE. — PAROI GAUCHE (suite).

Imp. sur Zinc Monrocq. Paris

Ch. CHÉDIAC, del. & Aulot

GRANDE SALLE. — PAROI GAUCHE (fin).

GRANDE SALLE.— PAROI DU FOND. — COTÉ GAUCHE.

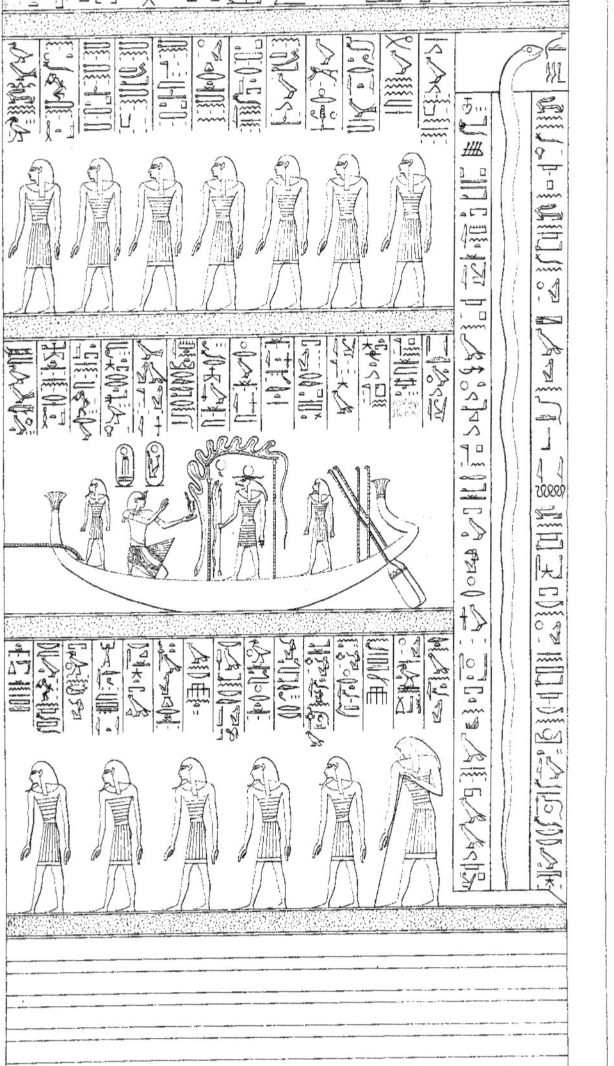

Imp. sur Zinc. Monrocq, Paris

Ch. CHÉDIAC, del. & Autog.

GRANDE SALLE.— PAROI D'ENTRÉE.— COTÉ DROIT.

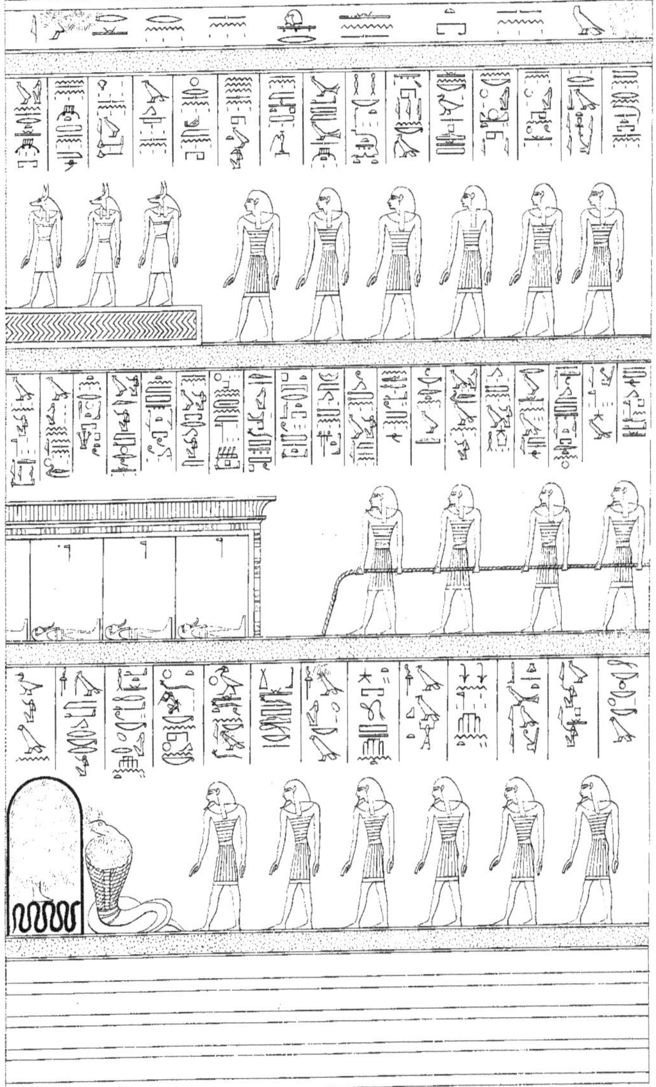

Imp. sur Zinc. Monrocq, Paris

CH. CHÉDIAC, del. & Aulog.

GRANDE SALLE. — PAROI DROITE.

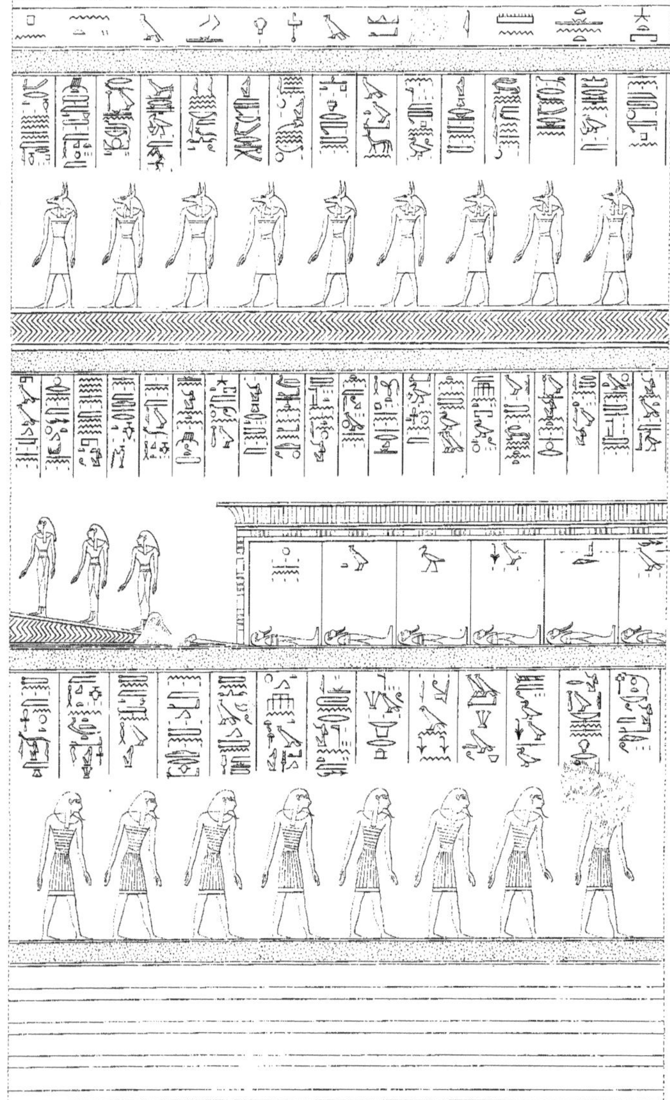

Imp. sur Zinc. Monrocq, Paris
Ch. CHEDIAC, del. & Autog.

GRANDE SALLE. — PAROI DROITE (suite).

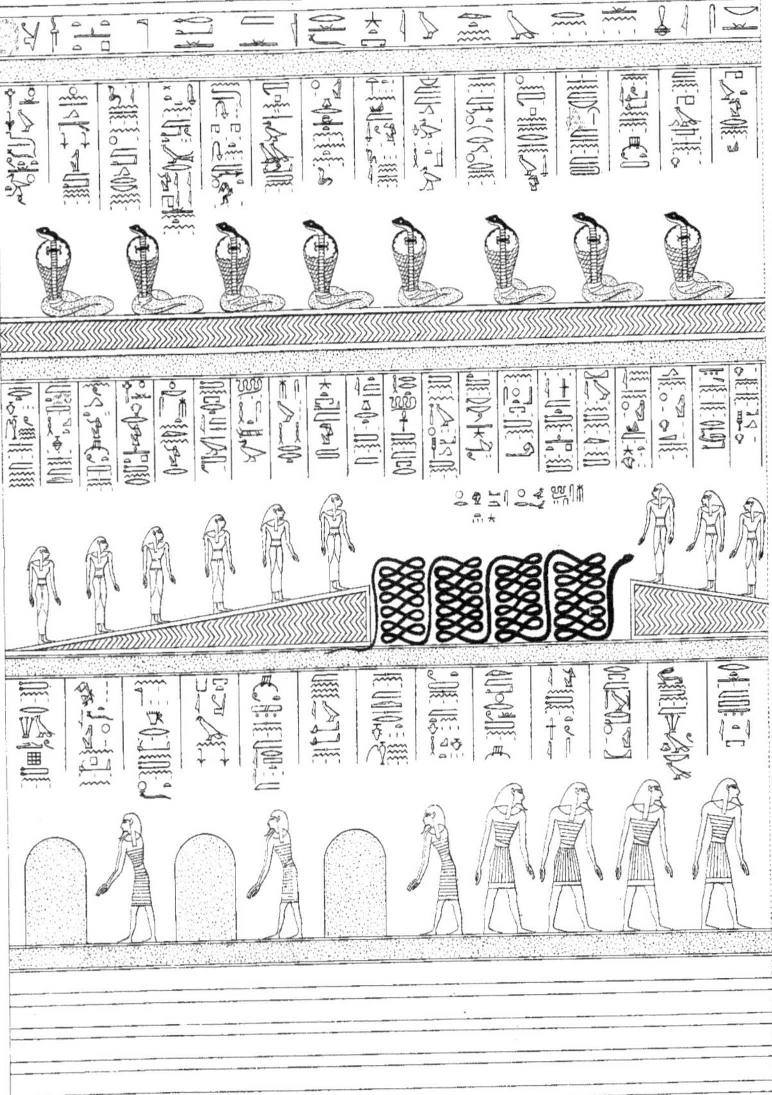

GRANDE SALLE. — PAROI DROITE (fin).

Imp. sur Zinc. Monrocq, Paris

Ch. CHÉDIAC, del & Autog.

GRANDE SALLE. — PAROI DU FOND. — COTÉ DROIT.

GRANDE SALLE. — PLAFOND. CÔTÉ DROIT

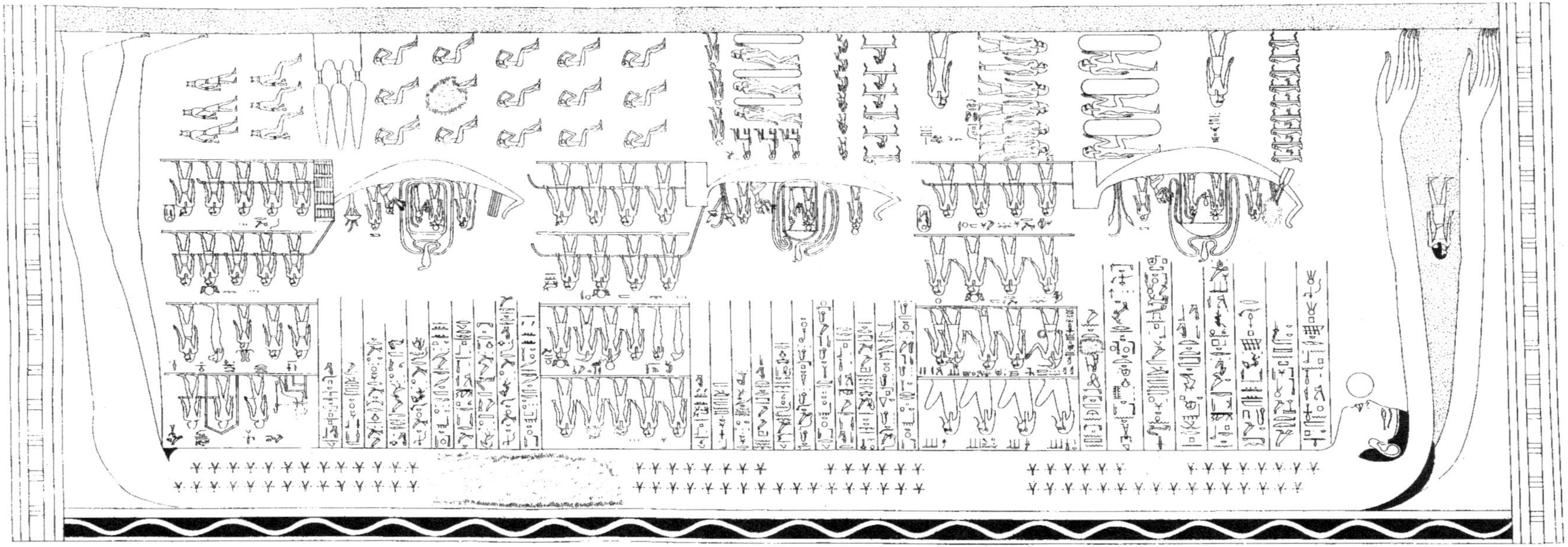

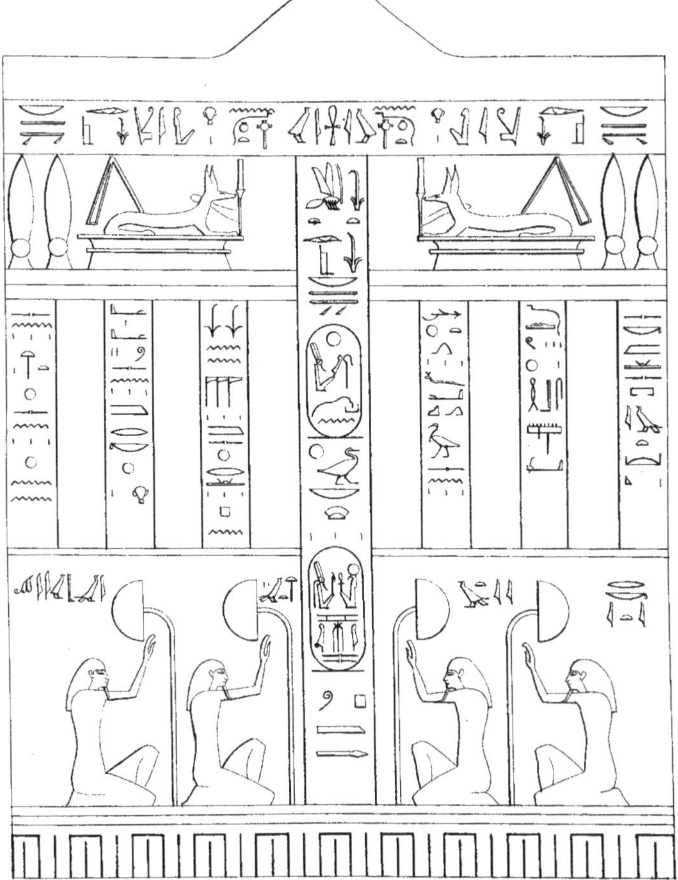

GRANDE SALLE. — SARCOPHAGE.

CÔTÉ DE LA TÊTE.

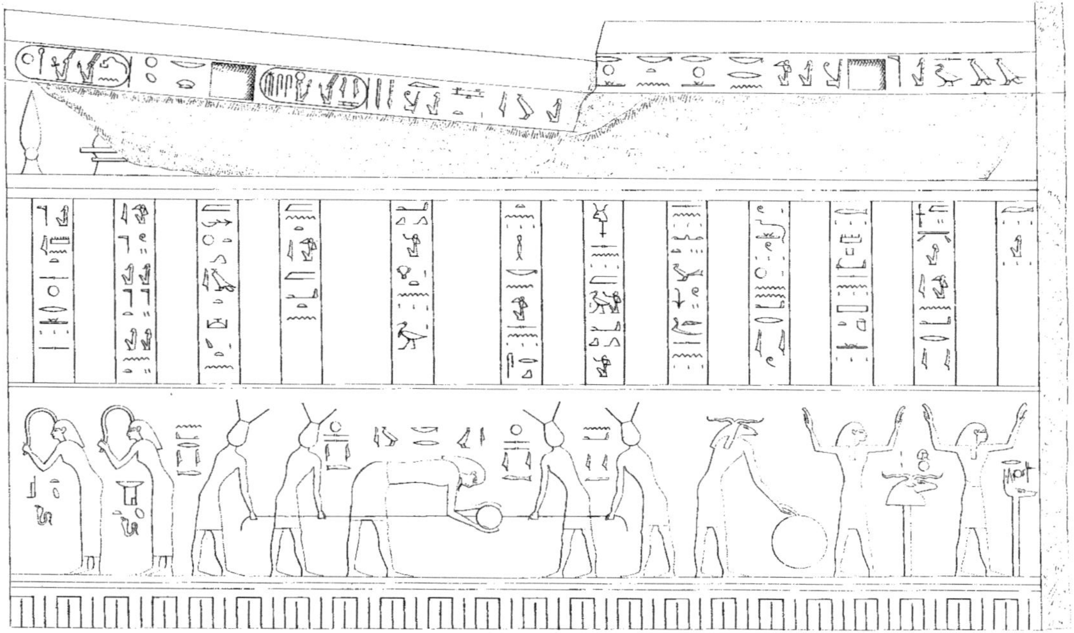

GRANDE SALLE. — SARCOPHAGE.
CÔTÉ DROIT (DE LA MOMIE).

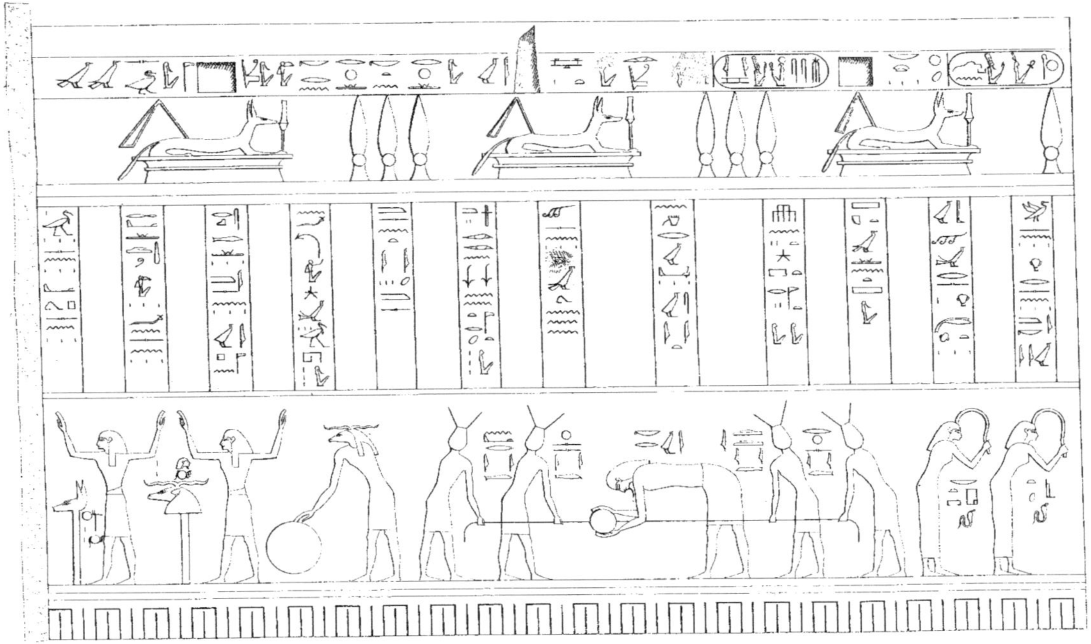

GRANDE SALLE. — SARCOPHAGE.
CÔTÉ GAUCHE (DE LA MOMIE).

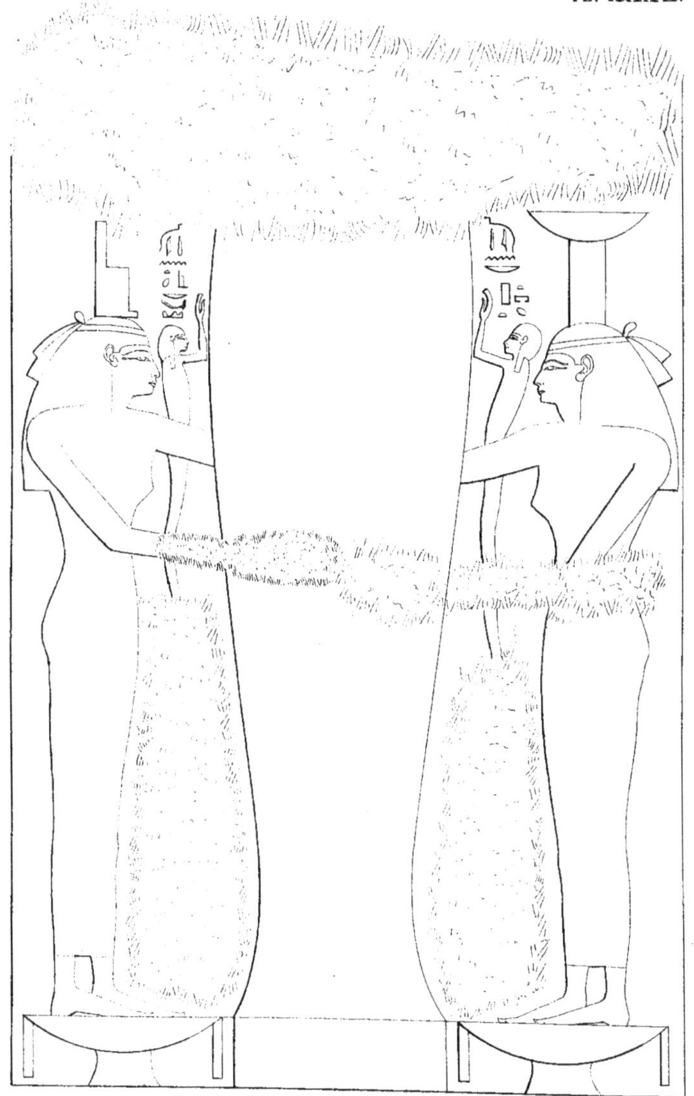

PL. XXXII.
GRANDE SALLE. — SARCOPHAGE.
COUVERCLE.
Imp. sur Zinc. Monrocq, Paris
Ch. CHÉDIAC, del. & Autog.

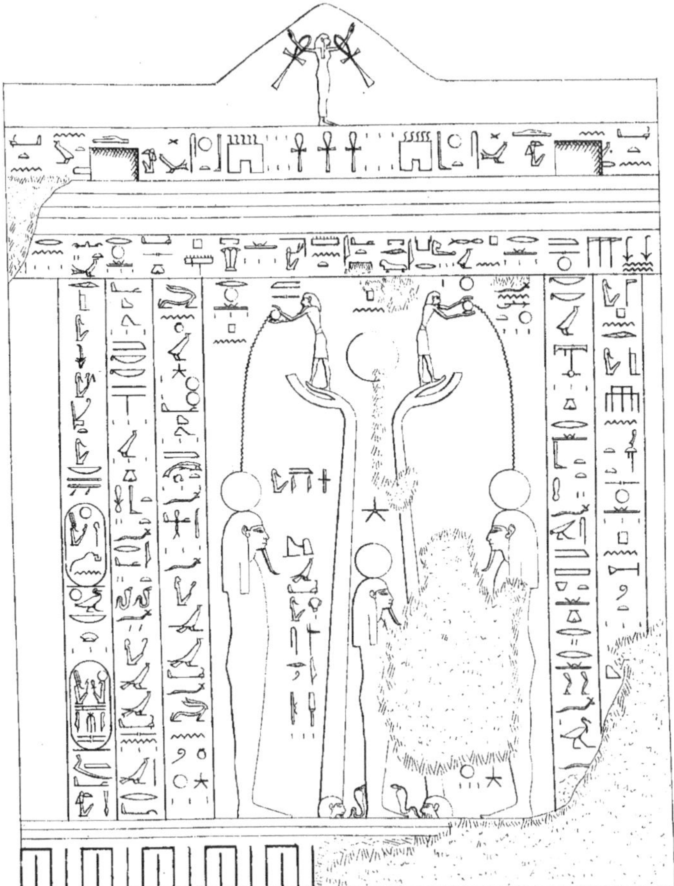

GRANDE SALLE. — SARCOPHAGE.
CÔTÉ DES PIEDS.

QUATRIÈME CORRIDOR. — PLAFONDS.

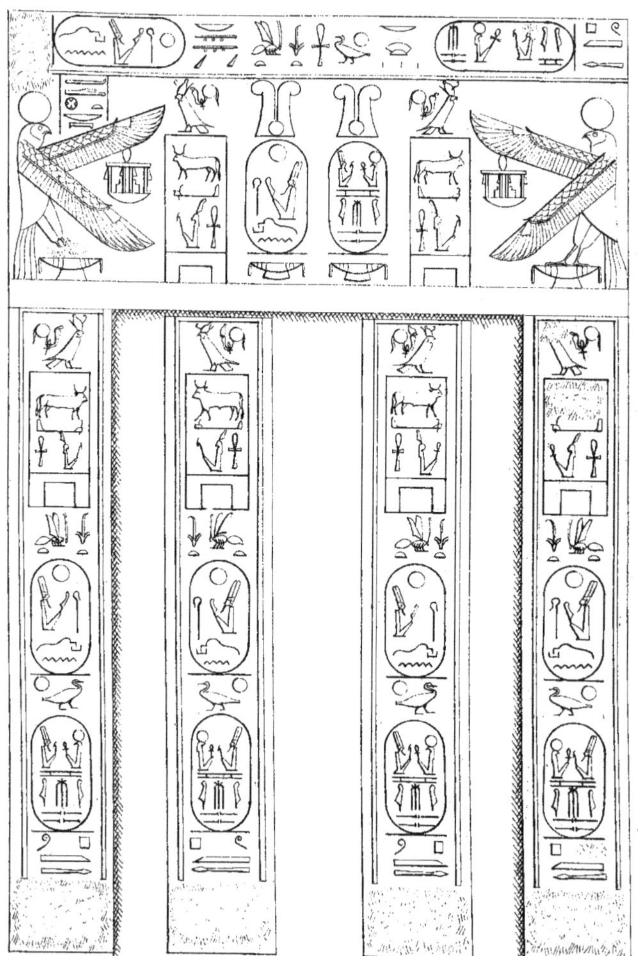

QUATRIÈME CORRIDOR — PORTE.

BANDEAU. JAMBAGES: EXTÉRIEUR ET MILIEU.

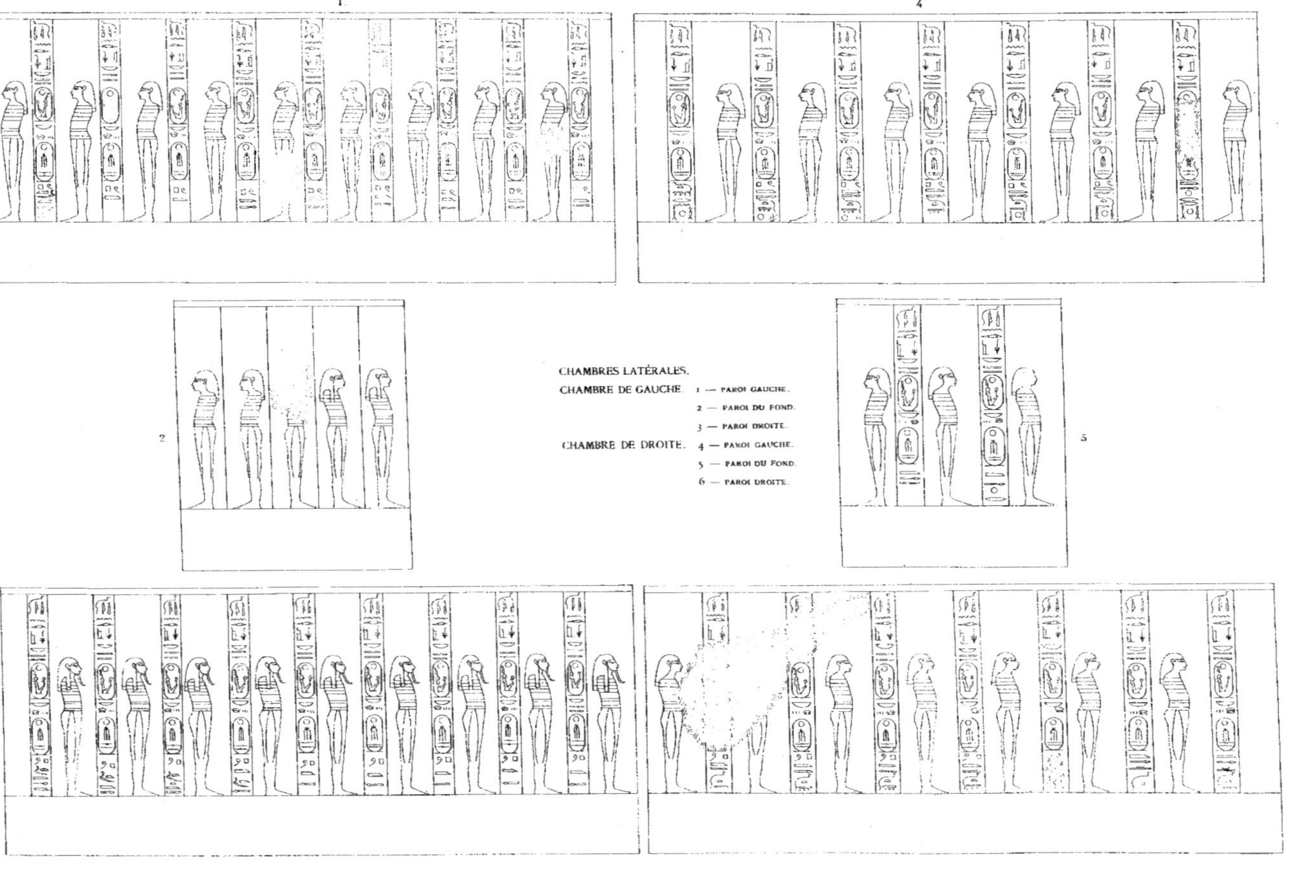

PL. XXXV.
CHAMBRES LATÉRALES.
CHAMBRE DE GAUCHE.	1 — PAROI GAUCHE.
2 — PAROI DU FOND.
3 — PAROI DROITE.
CHAMBRE DE DROITE.	4 — PAROI GAUCHE.
5 — PAROI DU FOND.
6 — PAROI DROITE.
Ch. CHÉDIAC, del. & Autog.
Imp. sur Zinc Monrocq, Paris.

QUATRIÈME CORRIDOR. — PAROI GAUCHE.

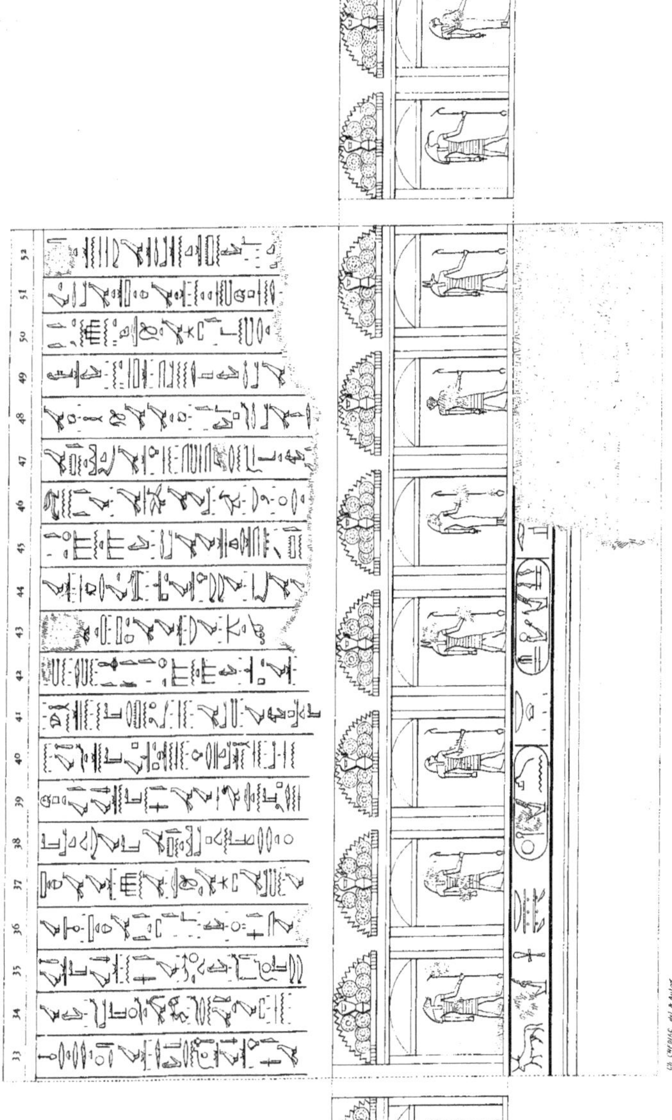

QUATRIÈME CORRIDOR. — PAROI GAUCHE (fin).

CH. DUBRAC, del. & sculp.

Imp. sur Zinc. Monrocq, Paris

QUATRIÈME CORRIDOR. — PAROI DROITE.

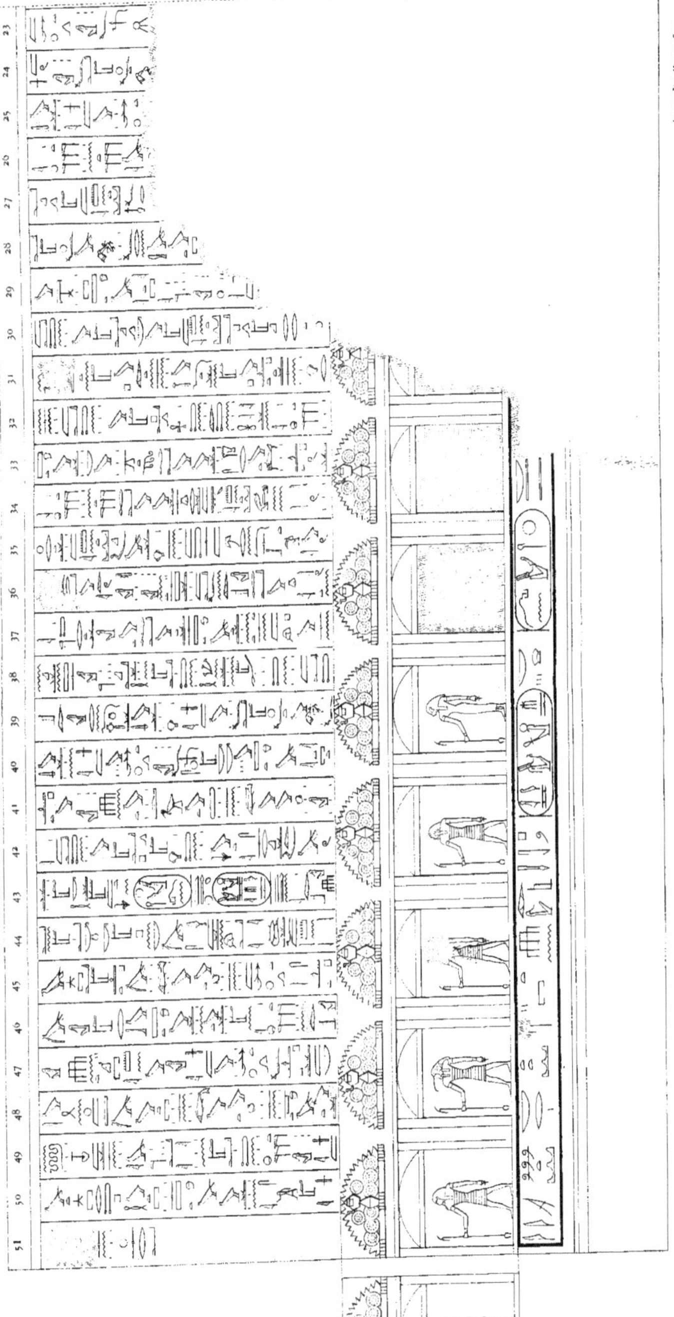
PL. XXXIX.
QUATRIÈME CORRIDOR — PAROI DROITE (fin).
Ch. CHIPIEZ, del. & Auteg.
Imp. sur Zinc, Monrocq, Paris.

CINQUIÈME CORRIDOR.— PORTE.

BANDEAU. JAMBAGES EXTÉRIEUR ET MILIEU.

Ch CHEDIAC, del & Autog

Imp sur Zinc, Monrocq, Paris.

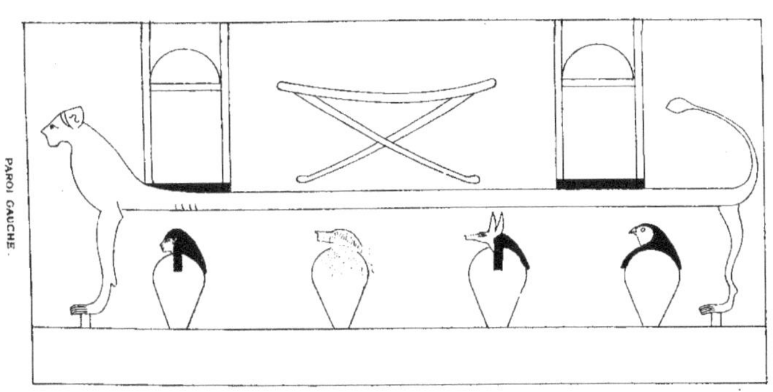

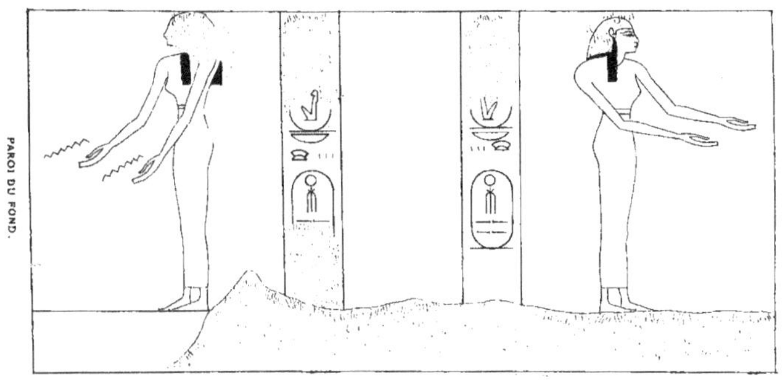

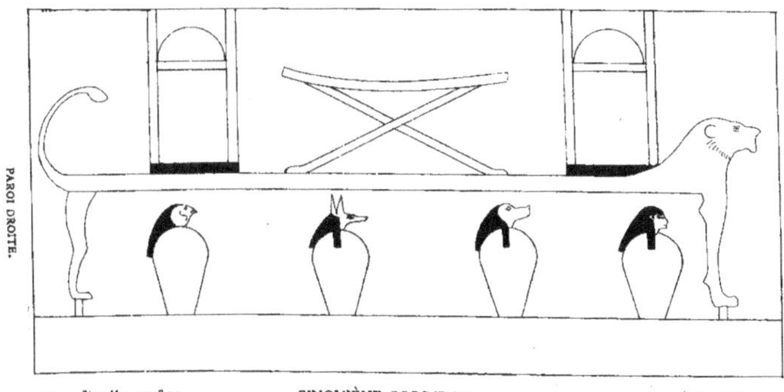

Imp. sur Zinc. Monrocq, Paris

CINQUIÈME CORRIDOR. — PAROIS.

Ch. CHÉDIAC, del & Autog

Ch. CHÉDIAC, del. & Autog.

Imp. sur Zinc, Monrocq Paris.

MÉMOIRES

PUBLIÉS PAR LES MEMBRES

DE LA

MISSION ARCHÉOLOGIQUE FRANÇAISE AU CAIRE

ANGERS, IMPRIMERIE A. BURDIN ET Cᵗᵉ, 4, RUE GARNIER

9 782013 359382